ＸＸ工商□□科

專題製作題目：手機塗鴉 App 設計

專題成員：洪○○、張○○、吳○○及黃○○

指導老師：陳Δ Δ

中 華 民 國 一一０ 年 ○○ 月 ○○ 日

1. 簡介

由於 App Inventor[1]採用圖形化程式設計，因此在程式設計上只要以圖形化之區塊(Block)疊加即可完成，在程式設計上要較其他 App 設計工具簡單許多，本專題利用 App Inventor 設計一簡易型之手機塗鴉 App，讓使用者使用手指或繪圖筆在手機螢幕畫出自己想畫出之圖形，並可隨心所欲地挑選顏色及線條寬度，以使繪出之圖形更具彈性且具趣味性，很適合使用在做圖檔標記的一個簡便工具，此外，本專題所設計之 App 更具繪圖成果存檔及清除繪圖之功能。相較於 AppInventor 2 互動範例教本[2]一書中所呈現之小畫家，其繪圖之顏色只有紅藍綠等三種顏色，本專題比[2]多了一個顏色之調配，而所調配出之顏色可達 $2^{24}= 16777216$ 種色彩之真彩色 (True Color)，可使得塗鴉之圖案更加多采多姿。

為了保持畫面之簡潔性，我們將需佔用較大畫面空間之繪圖顏色的調配以獨立螢幕來運作，而螢幕間資料（如顏色資料）之傳遞成為另一課題，而我們利用字串之串接及分解的方法，完成這一個小小的挑戰，讓整個 App 能正常運作。

2. 基礎版本

本專題利用 App Inventor 設計一塗鴉程式預期具下列功能：

➡ 具一背景圖

➡ 可調線寬及顏色

➡ 可清除繪圖

➡ 可存檔

針對上述功能，本專題配置之元件有二個螢幕(Screen)，分別為 Screen1 及 Screen2，Screen1 為主要之塗鴉畫面，而 Screen2 則做為調配顏色之用，如圖 1 為 Screen1 之畫面設計，包含 Canvas1 及 Canvas2 兩個畫布、Button4, Button5 及 Button6 分別為執行設定顏色、清除繪圖及存檔之 3 個按鈕、一個用以改變線寬之滑桿 Slider1 及一個用來顯示線寬的 Label1，Canvas1 主要用做塗鴉繪畫之用，Canvas2 則做為顯示目前繪圖之線寬及顏色，圖 2 為 Screen2 的畫面設計，其主要之元件包含分別用以調整紅、綠、藍三原色之 Slider1, Slider2 及 Slider3 滑桿、一個用以顯示所設定之顏色的 Canvas1 畫布，及二個分別代表確認及取消之按鈕。

2.1 基本繪圖

手指在手機上滑動時，手機即按手指的軌跡畫出線條，即為塗鴉之基本功能，而欲

1

目　　　錄

I

偵測手指在手機上滑動之動作須使用畫布(canvas)元件的拖曳(Dragged)事件，在最簡單功能之塗鴉程式，只要加入一個畫布元件，並設定一個背景圖(BackgroundImage)即可，本專題以 dog.png 為背景圖。畫布 Dragged 事件區塊圖其共有 7 個引數，其中 6 個分別組成 3 組螢幕座標，(startX, startY)為第一次按壓螢幕之座標，(prevX, prevY)為上一次手指所拖曳滑動過之座標，(currentX, currentY)表示目前手指滑過之座標，draggedAnySprite 為布林型態之引數，表示是否有拖曳精靈。圖 3(a)為手指在畫面滑過時，產生的拖曳事件執行的流程圖，當拖曳事件發生時，只要從前一拖曳點到目前拖曳點畫一條線即可，這一條線就畫出了手指的軌跡，此外，在手指拖曳或滑動前，必定會有第一次接觸畫面的點，這個點是發生在手指觸碰畫面時，拖曳開始之前，如圖 3(b)流程圖所示，當發生碰觸時，在碰觸點(x, y)畫出一點，而後就可以跟手指滑過之軌跡相連。根據圖 3(a)我們可使用區塊編輯器以組接出如圖 4(a)之區塊圖，其主要利用畫布之畫線方法完成，其線段從座標(prevX, prevY)畫至(current, currentY)座標點。而圖 4(b)則根據圖 3(b)之流程所組接出之區塊圖，其主要在手指碰觸螢幕時就在碰觸點位置利用 DrawPoint 畫出起始的點。

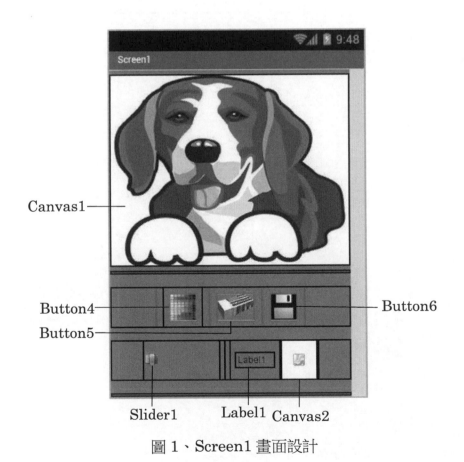

圖 1、Screen1 畫面設計

2

3

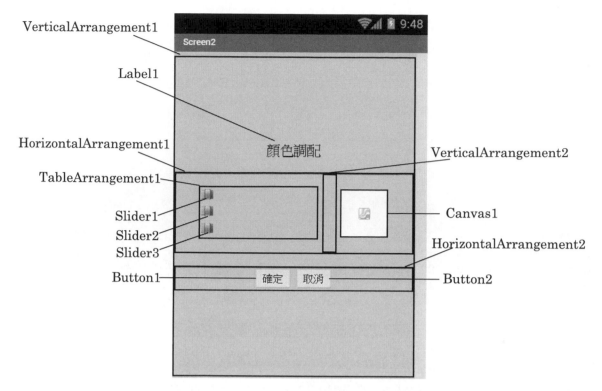

圖 2、Screen2 顏色調配之畫面設計

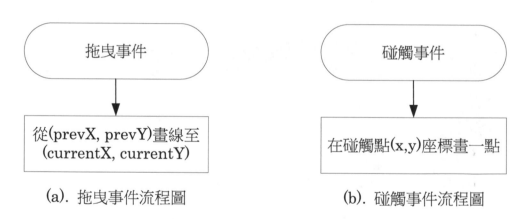

(a). 拖曳事件流程圖　　　　　(b). 碰觸事件流程圖

圖 3、塗鴉程式事件流程圖

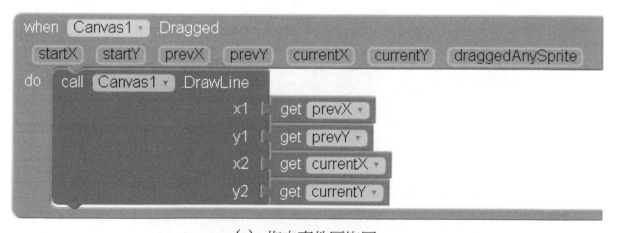

(a). 拖曳事件區塊圖

3

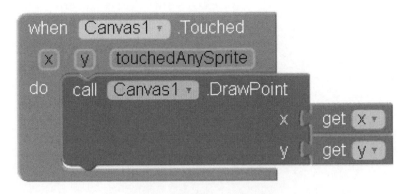

(b). 碰觸事件區塊圖

圖 4、塗鴉程式事件區塊圖

2.2 改變繪圖線寬

　　為了能讓使用者改變線寬，我們增加一個名為 Slider1 之滑桿(Slider)，可讓使用者滑動，以改變繪圖之線寬，透過設定畫布之 LineWidth 屬性值即可完成。另外，新增一名為 Label1 之標籤文字，用以顯示 Slider1 滑桿指標位置所指向之數字。Slider1 滑桿之屬性，其最小值設為 1，最大值設為 30，代表線寬最細為 1 最粗為 30。

　　圖 5 為滑桿指標位置改變時所須執行程序之流程圖，主要包含三個步驟，首先將 Label1 之文字內容設定為代表線寬值之滑桿指標位置，以即時顯示出滑桿目前的值，另一為將 Canvas1 畫布之線寬設定為代表線寬值之滑桿指標位置。圖 6 為根據圖 5 之流程圖所實作出之區塊，其主要為捕捉滑桿(Slider1)發生指標位置改變之事件，亦即當滑桿(Slider1)指標位置改變時，所須執行之步驟其中第一個區塊即設定 Label1 之文字內容為代表線寬值之滑桿指標位置，第二步驟為設定 Canvas1 畫布之繪圖線寬為代表線寬值之滑桿指標位置，亦即 Label1 之值，最後呼叫 SetCanvas2 程序，SetCanvas2 為一使用者自定之程序，圖 7 為其流程圖，其主要為將用來顯示線寬及顏色之 Canvas2 設定為符合 Label1 所記錄之線寬及 Canvas1 之繪圖顏色之外觀，圖 8 為按圖 7 所完成之區塊圖。為了讓 App 一開始執行時其畫面所顯示之線寬值與 Canvas1 畫布實際繪圖之線寬值一致，我們在程式一開始執行時，如圖 9 首先以 r, g 及 b 三個用來儲存目前繪圖 3 原色之變數，來設定 Canvas1 之繪圖顏色，接著，設定 Label1 之文字內容為代表線寬值之滑桿指標位置，然後，將 Canvas1 畫布繪圖之線寬設定為 Label1 之顯示文字，最後再呼叫 SetCanvas2 將 Canvas2 設定為符合 Label1 所記錄之線寬及 Canvas1 之繪圖顏色之外觀之程序。

4

```
    ┌─────────────────────┐
    │   滑桿指標位置改變      │
    └─────────────────────┘
              │
              ▼
    ┌─────────────────────┐
    │ 將Label1之文字內容設定為  │
    │      滑動器           │
    │ Slider1.thumbPosition之值 │
    └─────────────────────┘
              │
              ▼
    ┌─────────────────────┐
    │  設定Canvas1之線寬為    │
    │     Label1之值         │
    └─────────────────────┘
              │
              ▼
    ┌─────────────────────┐
    │  設定Canvas2所顯示之線寬 │
    │       及顏色          │
    └─────────────────────┘
```

圖 5、滑桿指標位置改變時之執行流程

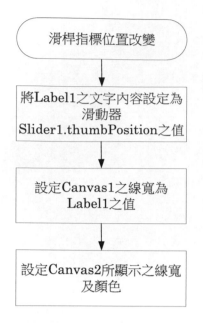

圖 6、滑桿指標位置改變時之執行流程

```
    ┌─────────────────────┐
    │    SetCanvas2程序      │
    └─────────────────────┘
              │
              ▼
    ┌─────────────────────┐
    │  設定Canvas2之高為Label1 │
    │       之值            │
    └─────────────────────┘
              │
              ▼
    ┌─────────────────────┐
    │   清除Canvas2之繪圖     │
    └─────────────────────┘
              │
              ▼
    ┌─────────────────────┐
    │ 設定Canvas2之背景顏色為  │
    │   Canvas1之繪圖顏色     │
    └─────────────────────┘
```

圖 7、SetCanvas2 流程

5

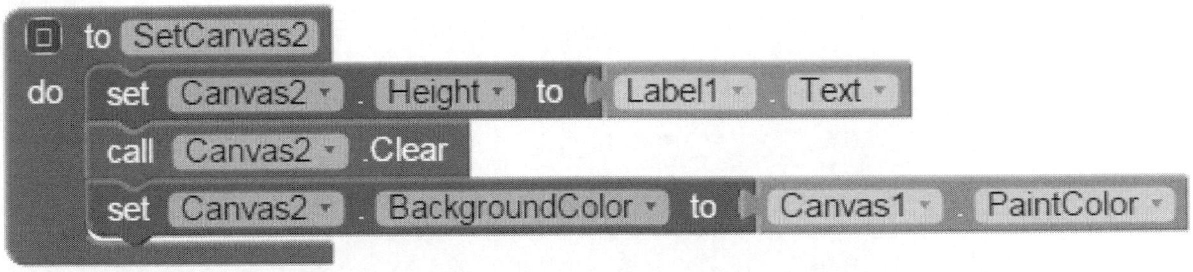

圖 8、SetCanvas2 區塊圖

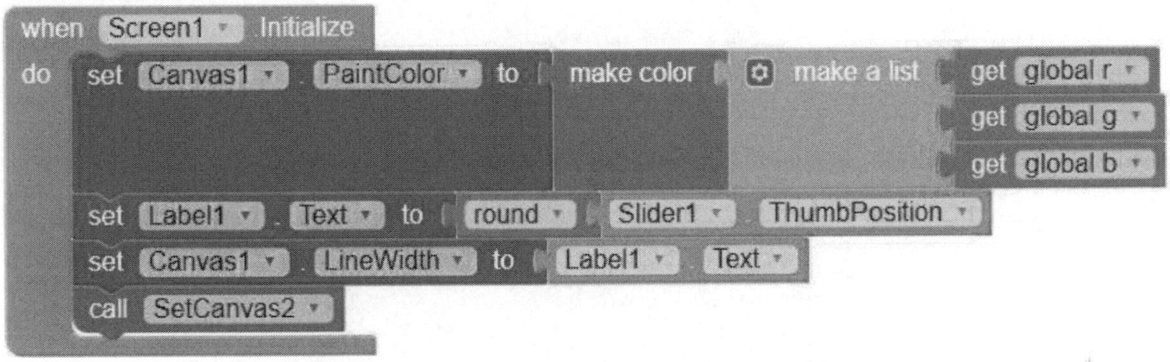

圖 9、初始執行時執行之程序

2.3 改變繪圖之顏色

　　我們使用滑桿（Slider）做為顏色調整之工具，顏色調整滑桿其值最小為 0，最大為 255，我們新增一個畫面做顏色調配之用，我們設置一個調配顏色按鈕（Button4），以呼叫新的顏色調配畫面 Screen2， 而顏色調配畫面，其主要有 3 個顏色調整之滑桿及 1 個畫布用以顯示調色之結果，並各有一個確定及取消按鈕，前者以設定調色之結果，而後者放棄此次調色之結果保留原色彩，而兩者最後都返回到 Screen1，以進行其他之塗鴉動作。當 Screen1 之調配顏色按鈕 Button4 被按下時，將載入 Screen2 以供使用者調配顏色，其區塊就如圖 10 所示，"open another screen with start value" 意謂開啟另一螢幕，並傳送起始值，而在其右邊共有二個接口，其一為 screenName 即為欲呼叫之螢幕名稱，本例欲載入 Screen2 故填入 Screen2，另一為起始值 startValue，為呼叫者螢幕（Screen1）欲傳送給被呼叫者螢幕（Screen2）之資料，以做為共用性資料之傳遞與共享，本例中我們欲將目前塗鴉畫面（Screen1）之繪圖顏色傳送到調配顏色畫面（Screen2），使得進行調配顏色時其顏色能延續塗鴉畫面（Screen1）之繪圖顏色，維持整體 App 之一致性，及使用者之良好使用經驗，但欲傳遞之繪圖顏色共有紅綠藍（RGB）等三種顏色分量，而 startValue 只能傳遞一個值，

6

7

因此我們將 RGB 三個顏色分量的值，包裝在同一個文字資料中，再透過 startValue 傳送至調配顏色畫面 Screen2，待調配顏色畫面 Screen2 收到後，再將 startValue 拆解回原來之 RGB 三原色。欲將 RGB 三個顏色分量的值，包裝在同一個文字資料中，如圖 11，我們將 RGB 原色之各顏色值中間加入 ";" 分號後，再使用文字（Text）類別中之 join 區塊整合成一文字串即可傳送給被呼叫螢幕 Screen2，圖 10 中之 join 區塊接受 5 個參數，其中 3 個為 RGB 之顏色值如圖 11 分別是 123, 223 及 152，其中間再加入分號以資區隔，完成後即為 "123;223;152" 文字串，主要利用 join 區塊將多個文字資料連接成一文字資料之功能來完成。待 Screen2 載入後接收到所傳入之起始值 startValue，Screen2 再將 startValue 分解成 RGB 三原色，圖 12 為將 startValue 分解成 RGB 三原色之過程，首先將收到之起始資料如 "123;223;152"，利用 Text 類別中之 split 區塊進行分割，其分割之原則為給定一分割符號，本例中為分號－；，split 區塊根據此分割符號將文字串分割，分割後為一串列（List）之資料，圖 12 中 startValue 經分割後為一具有 3 個資料之串列，分別為 RGB 之值，因此 R 存放在 1 號之位置，G 存放在 2 號之位置，B 存放在 3 號之位置，圖 13 為 Screen2 螢幕初置（即螢幕剛載入準備顯示出來前）之流程，首先，利用 split 區塊將收到之起始值分割成 strartVal 串列，接下來再設定 Slider1 滑桿之值為 startVal 中 1 號元素之值、Slider2 滑桿之值為 startVal 中 2 號元素之值、Slider3 滑桿之值為 startVal 中 3 號元素之值，以便三個滑桿之指標位置能正確代表該顏色之值，最後，再將 Canvas1 之背景顏色設定為由以三個滑桿之指標值所調配出之顏色，以確保傳入之起始值所代表之顏色與三個滑桿指標值所調配出之顏色及 Canvas1 之顏色三者為相同的。圖 14(a)中為部份區塊圖，其中，startVal 宣告時其右邊接口之初值，給定一空串列，以宣告為一串列，而 Screen2.Initialize 事件即為螢幕初置之事件，其內部之執行區塊即按照圖 13 之流程所設計出來，圖 14(b)為本例另一部份之區塊，為三個滑桿之指標位置改變之事件區塊圖，而三個滑桿之指標改變之處理方式都一樣，即設定 Canvas1 之顏色結果顯示，設定為以目前三個滑桿最新之位置值調配出之顏色，最後，當欲結束顏色調配工作有二個選擇，其一為按取消鈕（Button2），另一為按確認鈕（Button1），按取消鈕比較單純，代表放棄此次修改之動作，因此，直接關閉 Screen2 螢幕，不必回傳任何值，即會回到原塗鴉程式畫面 Screen1 之畫面，回到塗鴉程式畫面時只要發現沒有回傳值，塗鴉程式畫面它就不會對繪圖顏色做改變，而當接下確認鈕時，我們必須將目前三個滑桿指標值所調配出之顏色回傳給原塗鴉程式畫面，以便在回復至塗鴉程式畫面時，塗鴉程式畫面會判斷若有回傳值則須將此回傳值解析，並設定為新的繪圖顏色，因此，當使用者按下確認鈕，我們須將目前三個滑桿指標值所調配出之顏色回傳給原塗鴉程式畫面，其步驟與由塗鴉程式畫面，呼叫調配顏色畫面時傳遞顏色之動作相同，即如圖 14(a)中之 Button1.Click 事件所示將分別代表 RGB 三原色之 Slider1, Slider2, Slider3 等三個滑桿之值，如圖 11 分別以分號為分隔符號，以 join 區塊將 5 個部份組接成一文字串，並儲存至 rs 變數，最後再以" close screen with value"（關閉畫面並回傳值）區塊來關閉顏色調配之畫面，並將 rs 之值組按至該區塊右邊之 result 接口，以便回傳所調配出之顏色回塗鴉畫面。當顏色調配 Screen2 之畫面關閉回到塗鴉 Screen1 畫面時，Screen1 會引發一 OtherScreenClosed 之事件，以便處理回到 Screen1 之回復動作，同時這一事件會提供一 result 為回傳之資料及一 otherScreenName 代表關閉畫面之畫面名稱，此外，我們尚須先宣告 retVal, r, g 及 b 等四個全域變數，其中 retVal 為一串列變數用以儲存回傳值分割後之串列，而 r, g,b 分別代表紅綠藍之顏色值。如前述欲結束顏色調配畫面有兩個按鈕，當按下取消鈕時， Screen2 不回傳任何資料，只有在按下確認鈕時 Screen2 才會回傳所調配之顏色，因此，在處理 OtherScreenClosed 之事件時如圖 15 首先須先判斷回傳資料 result 是否有資料，若無則毋須做任何事，否則，將 result 以分號為分隔符號分割為串列，並儲存在 retVal 中，接下來再分別將 retVal 中的 1 號、2 號及 3 號的值儲存到 r, g 及 b 三個變數，下一步驟將 r, g 及 b 三個變數值當成 RGB 值調出之顏色設定為 Canvas1 之繪圖顏色，最後再呼叫 SetCanvas2 以更新繪圖顏色之顯示。完整之 OtherScreenClosed 事件之區塊圖如圖 16。

2.4 儲存繪圖成果

存檔之功能可將目前之繪圖結果儲存在指定的檔案，我們新增一按鈕-Button6，在 Button6 被按下時，呼叫 Canvas1 畫布上之儲存方法 SaveAs，並提供一存檔檔案名稱為引數，圖 17 為 Button6.Click 之事件區塊圖，Canvas1 畫布之 SaveAs(另存新檔) 執行後會傳回其儲存之檔案路徑，它需使用一個文字(Text)之接口，但本例中我們毋須其回傳之檔名，只須要執行並另存新檔之動作，因此，我們使用 evaluate but ignore result 區塊來完成此功能，evaluate but ignore result 為一個可呼叫具備回傳值之程序，但忽略其回傳值之一種流程控制區塊。Canvas1 畫布之另存新檔區塊中我們指定並儲存檔案名稱為 DogEdited.jpg，此一檔案名稱亦可由使用者輸入，再指定給另存新檔區塊儲存，這部份留給讀者做為練習。Canvas1 畫布之背景圖案亦可由使用者自行來挑選，讀者可自行練習。

2.5 清除繪圖

我們新增一按鈕-Button5，用以在 Button6 被按下時，呼叫 Canvas1 畫布上之清除繪圖方法(Clear)，圖 18 為清除繪圖按鈕之 Click 事件區塊圖，只需一個 Clear 動作即可完成。

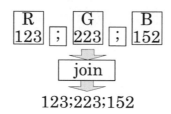

圖 10、呼叫顏色調配畫面之區塊圖

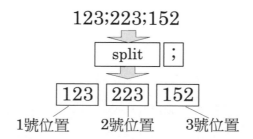

圖 11、將 RGB 三原色值串接成一文字串

圖 12、將文字串拆解為一串列

3. 結果

本專題將前述之成果安裝至具 64 位元高通® 八核心處理器 Snapdragon™ 636

搭載高通® Adreno™ 509 GPU 及 4GB RAM 之 ASUS ZenFone 5 執行，如圖 19 為塗鴉程式之執行畫面，一開始用以顯示線寬及顏色之 Canvas2 顯示為一黑色一點寬度之細線，圖 20 為按下 Button4 之顏色調配按鈕後顯示出之顏色調配螢幕 Screen2，圖 21 為利用顏色調配螢幕之代表紅藍綠三原色之滑桿調配好顏色後按確定鍵即回到如圖 22 之塗鴉的 Screen1 螢幕，其中用以顯示線寬及顏色之 Canvas2 已顯示出經過更改後之顏色及線寬，圖 23 為設定好繪圖之線寬及顏色後所進行之塗鴉，圖 24 為經更改顏色及線寬後，所進行之另一塗鴉。按下圖 19 中代表清除繪圖之 Button5 按鈕可清除先前之塗鴉繪圖，按下另一代表塗鴉存檔之 Button6，則可將目前之塗鴉存檔以供後續之使用。

　　本專題由洪○○及張○○負責 App Inventor 之程式設計，吳○○及黃○○負責畫面、美工設計及報告之撰寫。

4. 結論

　　本專題利用 App Inventor 設計一塗鴉 App，設計過程中我們思考問題之解法，再將該解法以流程圖繪出，而後再以流程圖對照出 App Inventor 所提供之區塊，然後再將區塊疊加並組合使其完成所預期設計之工作，經過本專題的歷練，我們對問題之解法更有信心，並期待後續更深入之設計，如將塗鴉之繪製內容與背景圖合為一體及將清除繪圖改為能如一般之商業套裝軟體具回復(Undo)即 Ctrl-Z 之功能，使其能按步驟來清除各次之繪圖，讓塗鴉更具可用性。

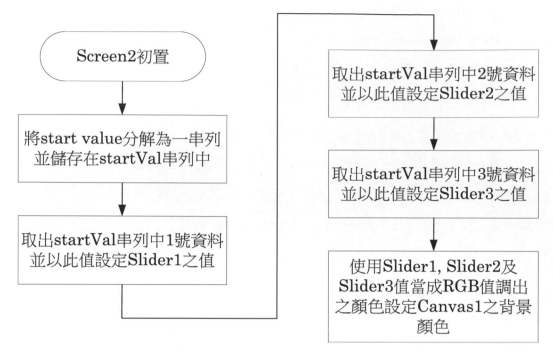

圖 13、Screen2 初置之流程圖

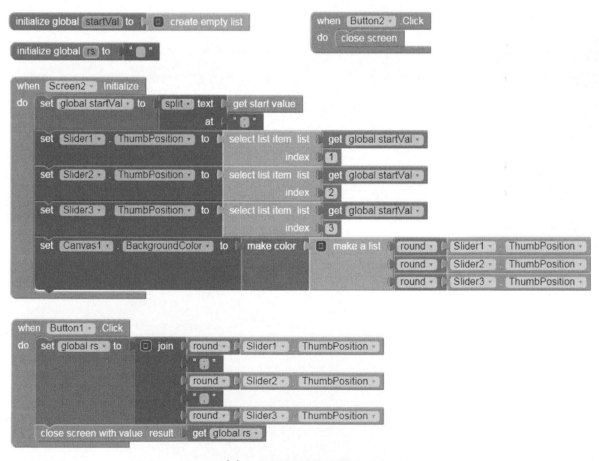

(a). 顏色調配部份區塊圖

11

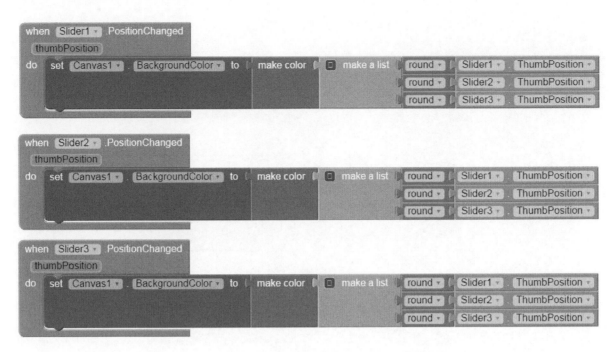

(b). 顏色調配另一部份區塊圖

圖14、顏色調配區塊圖

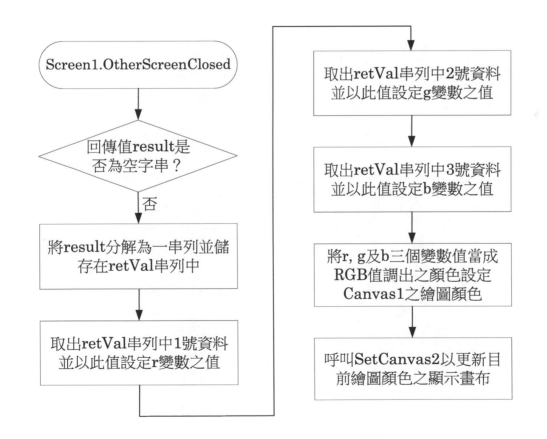

圖15、OtherScreenClosed 事件處理流程

12

13

```
when  Screen1 ▾ .OtherScreenClosed
  otherScreenName   result
do   ⬚ if      length  ⌐ get result ▾  > ▾  0
     then  set global retVal ▾ to  ⌐ split  text  ⌐ get result ▾
                                              at  " , "
           set global r ▾ to  ⌐ select list item  list  ⌐ get global retVal ▾
                                                  index  1
           set global g ▾ to  ⌐ select list item  list  ⌐ get global retVal ▾
                                                  index  2
           set global b ▾ to  ⌐ select list item  list  ⌐ get global retVal ▾
                                                  index  3
           set  Canvas1 ▾ . PaintColor ▾ to  ⌐ make color  ⌐ ⬚ make a list  ⌐ get global r ▾
                                                                            ⌐ get global g ▾
                                                                            ⌐ get global b ▾
           call  SetCanvas2 ▾
```

圖 16、OtherScreenClosed 事件區塊圖

```
when  Button6 ▾ .Click
do   evaluate but ignore result  ⌐ call  Canvas1 ▾ .SaveAs
                                       fileName  ⌐ " DogEdited.jpg "
```

圖 17、Button6.Click 存檔區塊圖

圖 18、清除繪圖按鈕 Click 事件的區塊圖

13

14

圖 19、塗鴉 App 起始畫面

圖 20、顏色調配螢幕

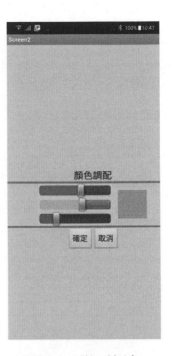

圖 21、變更顏色

圖 22、改變線寬

圖 23、開始塗鴉繪圖

圖 24、改變色彩及線寬

參考資料

[1] MIT CSAIL, App Inventor, Available: https://appinventor.mit.edu/, Accessed on October 26, 2020.

[2] 蔡宜坦，App Inventor 2 互動範例教本，第 3 版，旗標出版，2016 年。

14

以 C#實作判斷年月日日期正確性的思考與練習

ＸＸ工商
△△科
洪○○

摘要

年月日日期為眾多系統常用之資料之一，因此，常需判斷使用者輸入之年月日日期是否正確，以為資料處理之前置步驟，雖然主流程式語言中大都已包含判斷年月日日期正確性之函數或方法，○○基於好奇心，以 C#實作年月日日期正確性之判斷程式，以做為自身在程式設計上之練習，本練習除了以最基礎之版本設計外，過程中領悟到基礎版之問題點，遂進行版本之更新，V2.0 中對基礎版中太多重覆之條件選擇結構，使得程式較不易理解與維護之問題，進行改造，將基礎版簡化成以變數標示狀態之方式來處理，以簡化程式之複雜度，而 V3.0 版則將判斷年月日日期正確性之功能製作成函數，方便其他程式呼叫使用。透過這個練習使得我在判斷邏輯上有更清晰深刻之印象，而函數之設計亦讓我在結構化程式設計上有更深之領悟。

1. 基礎版本

年月日日期（以下稱年月日）之正確與否包含 3 個要素的判斷，其一為年度，年度以西元年度為準，其判斷上較為簡單，只需檢查年度有無輸入或年度不為 0，亦即下限為 1，而上限目前先不設定，而月份只需檢查是否為 1~12 即可，日期變化上稍多，其中 1, 3, 5, 7, 8, 10, 12 等月份共有 31 天，4, 6, 9, 11 等月份有 30 天，而 2 月若為閏年為 29 日，平年則為 28 日，關於閏年平年之判斷，西元年數可被 400 整除或西元年數不可被 100 整除但可被 4 整除者為閏年，其餘為平年，以程式設計之角度來看，可歸納出下列 4 個規則 [1]：

➢ 西元年數除以 400 可整除，為閏年。

➢ 西元年數除以 100 可整除但除以 400 不可整除，為平年。

➢ 西元年數除以 4 可整除但除以 100 不可整除，為閏年。

1

16

> 西元年數除以 4 不可整除，為平年。

    依上述規則否建構出圖 1~圖 3 基礎版本之流程圖，圖 1 中將 yyyymmdd 之輸入型式的年月日（yyyy 為年，mm 為月，dd 為日）逐一取出年月日，年度為將年月日右移 4 位，即除以 10000 只取整數部份，月份部份為將年月日只留下右邊 4 位數後再右移 2 位，即將年月日除以 10000 取其餘數後再除以 100 取其商的整數部份，最後日期為年月日留下最右邊 2 位數，即將年月日除以 100 取其餘數，接著判斷年度（變數 y）是否大於 0（附件一第 34 行），大於 0 表示有輸入年度資料，反之，則代表年度資料未輸入，即輸入年月日之位數小於 5 位（附件一第 119-122 行），然後，判斷年度可否被 100 整除（附件一第 36 行），若可被 100 整除，則代表該年度為 XX00 年度，則再判斷該年度可否被 400 整除（附件一第 38 行），若為是則為閏年，如圖 1 所示進行連接點 A 之閏年之月日判斷（附件一 39-56 行），若年度不可被 400 整除，則為平年，如圖 1 所示進行連接點 B 之平年之月日判斷（附件一 58-75 行），而若不可被 100 整除，則接著判斷年度是否可被 4 整除（附件一第 79 行），若為是則為閏年，如圖 1 所示進行連接點 A 之閏年之月日判斷（附件一 80-97 行），若年度不可被 4 整除，則為平年，如圖 1 所示進行連接點 B 之平年之月日判斷（附件一 99-116 行），而在各自連接點之判斷完成後，程式即結束執行。

    圖 2 為連接點 A 之流程，為閏年之月日判斷，首先判斷月份（m）是否為 1, 3, 5, 7, 8, 10 或 12 等大月的月份（附件一 40 行及 81 行），若為是則接著判斷日期（d）是否大於等於 1 且小於等於 31（附件一 42 行及 83 行），若為是則顯示年月日正確（附件一 42 行及 83 行），若為否則顯示日期錯誤（附件一 43 行及 84 行），若月份不為前述之大月，則再判斷月份是否為 4, 6, 9 或 10 等小月的月份（附件一 45 行及 86 行），若為是則接著判斷日期（d）是否大於等於 1 且小於等於 30（附件一 47 行及 88 行），若為是則顯示年月日正確（附件一 47 行及 88 行），若為否則顯示日期錯誤（附件一 48 行及 89 行），再者，若月份非上述之大小月之 11 個月中之任一個，則繼續判斷月份是否為 2 月（附件一 50

2

行及 91 行），若為是則接著判斷日期（d）是否大於等於 1 且小於等於 29（附件一 52 行及 93 行），若為是則顯示年月日正確（附件一 52 行及 93 行），若為否則顯示日期錯誤（附件一 53 行及 94 行），最後若月份非為前述之大月、小月及 2 月，則顯示日期錯誤（附件一 55 行及 96 行）。

圖 3 為連接點 B 之流程，為平年之月日判斷，首先判斷月份（m）是否為 1, 3, 5, 7, 8, 10 或 12 等大月的月份（附件一 59 行及 100 行），若為是則接著判斷日期（d）是否大於等於 1 且小於等於 31（附件一 61 行及 102 行），若為是則顯示年月日正確（附件一 61 行及 102 行），若為否則顯示日期錯誤（附件一 62 行及 103 行），若月份不為前述之大月，則再判斷月份是否為 4, 6, 9 或 10 等小月的月份（附件一 64 行及 105 行），若為是則接著判斷日期（d）是否大於等於 1 且小於等於 30（附件一 66 行及 107 行），若為是則顯示年月日正確（附件一 66 行及 107 行），若為否則顯示日期錯誤（附件一 67 行及 108 行），再者，若月份非上述之大小月之 11 個月中之任一個，則繼續判斷月份是否為 2 月（附件一 69 行及 110 行），若為是則接著判斷日期（d）是否大於等於 1 且小於等於 28（附件一 71 行及 112 行），若為是則顯示年月日正確（附件一 71 行及 112 行），若為否則顯示日期錯誤（附件一 72 行及 113 行），最後若月份非為前述之大月、小月及 2 月，則顯示日期錯誤（附件一 74 行及 115 行）。

2. V2.0 版本

圖 2 與圖 3 是以前述之平年閏年之規則直覺上設計出來的，兩圖之差異只在平年閏年其 2 月之天數平年為 28 天，而閏年為 29 天，其餘都一樣，但其中有兩個平年及兩個閏年之日期判斷，因此，造成相同之邏輯重複多次，使得流程圖及程式都較為複雜，如何將逐一邏輯簡化，遂成為另一個要完成之目標，也因此想起老師所教過的旗標之概念，在簡化過程中，如圖 4 判斷平閏年過程中將平閏年以旗標方式來記錄（附件一第 148, 152, 159 及 163 行），待平閏年判斷完成後，再依旗標之狀態來判斷日期是否正確，為了進一步將日期判斷再簡化，增設一個 dmax 變數用來記錄所輸入之年度月份該月份之最大天數，並如圖 5，依

3

輸入之年度月份及平閏年的資訊來設定該月份之最大天數（附件一第 167-192 行），最後再以檢查輸入之日期是否落在 1 及 dmax 之間（附件一第 195-196 行），若是則年月日輸入正確，反之，則日期輸入錯誤。

3. V3.0 版本

　　這個版本主要考量年月日日期正確性判斷是相當常用之功能，因此，將 V2.0 設計好之年月日日期正確性判斷包裝成一個函數以供後續之程式方便呼叫，這個版本邏輯上與 V2.0 相同，主要將原判斷之流程包裝成 isDate 函數，如附件一第 236 行 isDate 函數傳入一為整數之年月日，判斷後再利用不同之傳回值來代表判斷後之結果，0 按年月日正確（附件一第 297 行），1 表日期錯誤（附件一第 298 行），2 表月份錯誤（附件一第 292 行），3 代表年度錯誤（附件一第 301 行），而附件一第 211-218 行為使用 try ... catch 之指令將輸入文字方塊之文字轉為整數型態，為免發生轉型時之例外，程式自動捕捉例外狀況，使該程式在任何情況下都能順利執行，而不會中斷，附件一第 219 行為呼叫 isDate 函數且傳入所輸入之年月日日期，並將 isDate 之回傳值儲存在變數 res 中，最後附件一第 220-234 行判斷 res 之值來決定年月日日期之判斷結果，回傳 0 則顯示年月日正確（附件一第 234 行），回傳 1 顯示日期錯誤（附件一第 226 行），回傳 2 則顯示月份錯誤（附件一第 229 行），而回傳 3 則顯示年度錯誤（附件一第 232 行）。

4. 結果

　　圖 6~圖 10 為本程式分別輸入不同日期之結果畫面，圖 6 只輸入 1218 未輸入年度資料，本程式輸出「年度錯誤！」，圖 7 輸入 2020 年 13 月 1 日，其中 13 月為錯誤月份，程式輸出月份錯誤，圖 8 輸入 2020 年 12 月 33 日，其中 33 日為錯誤日期，程式輸出日期錯誤，圖 9 輸入 2095 年 2 月 29 日，其中 2095 年為平年，2 月沒有 29 日，程式輸出日期錯誤，圖 10 輸入 2096 年 2 月 29 日，而 2096 年為閏年，該年 2 月 29 日為正確日期。

4

前述程式之執行環境為：

➡️ Microsoft Windows 10 作業系統

➡️ Intel Core i5-4200H, 2.8GHz

➡️ 　12GB Ram

5. 結語

　　在本練習中，將多個判斷指令簡化為較為簡潔易懂之指令組合，使得我在判斷邏輯上有更清晰深刻之印象，而函數之設計亦讓我在結構化程式設計上有更深之領悟，未來希望利用現有之基礎再加強物件導向之程式設計觀念，並進而設計出好用且令人稱頌之 App 或系統。

5

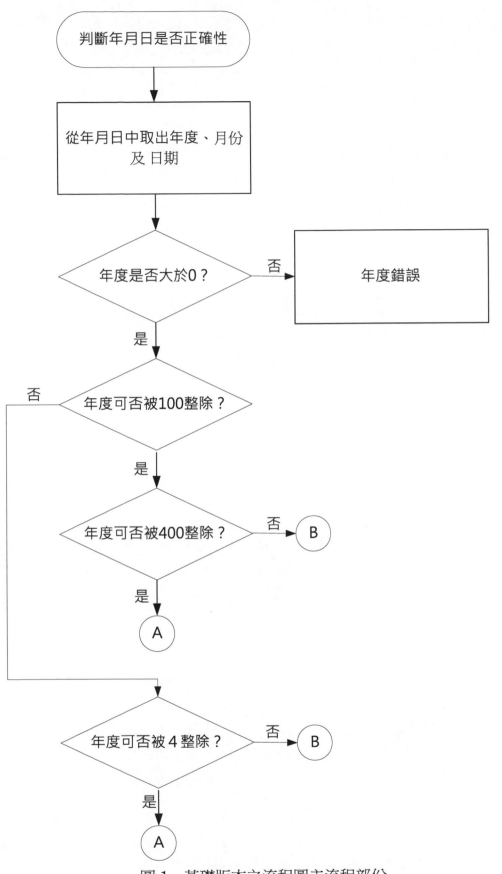

圖 1、基礎版本之流程圖主流程部份

6

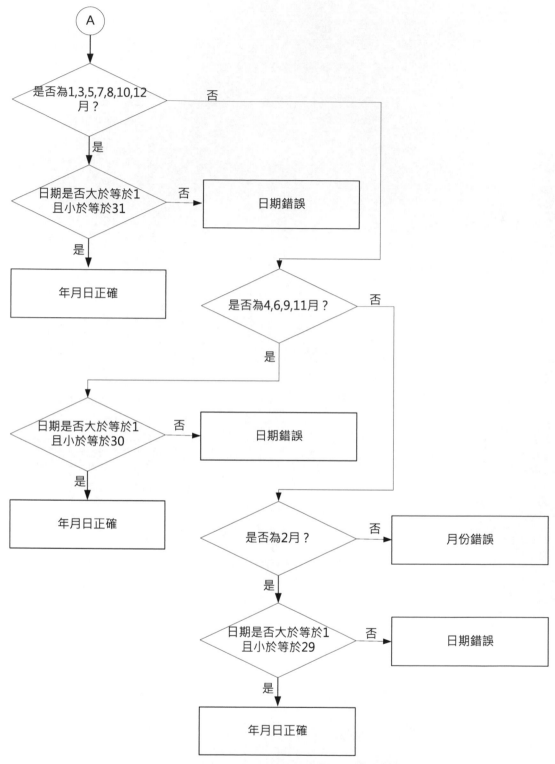

圖 2、基礎版本之流程圖閏年判斷部份

7

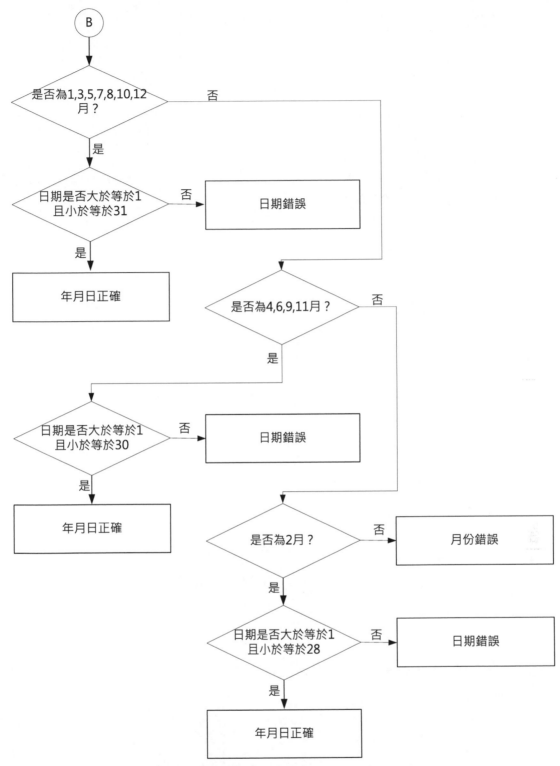

圖 3、基礎版本之流程圖平年判斷部份

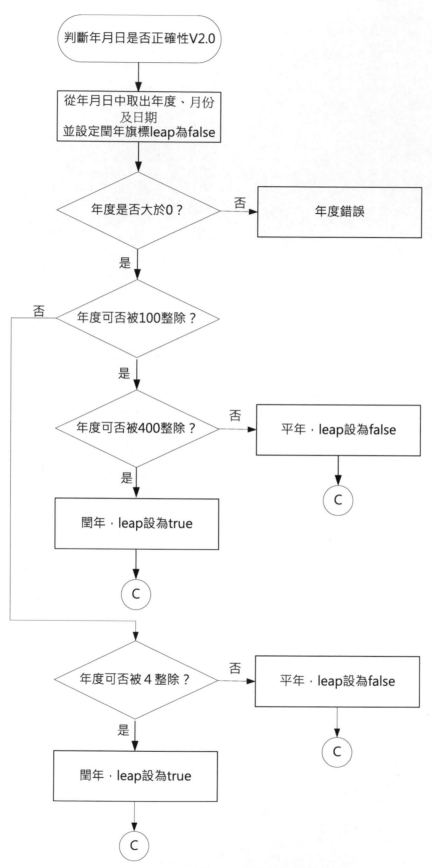

圖 4、V2.0 流程圖

9

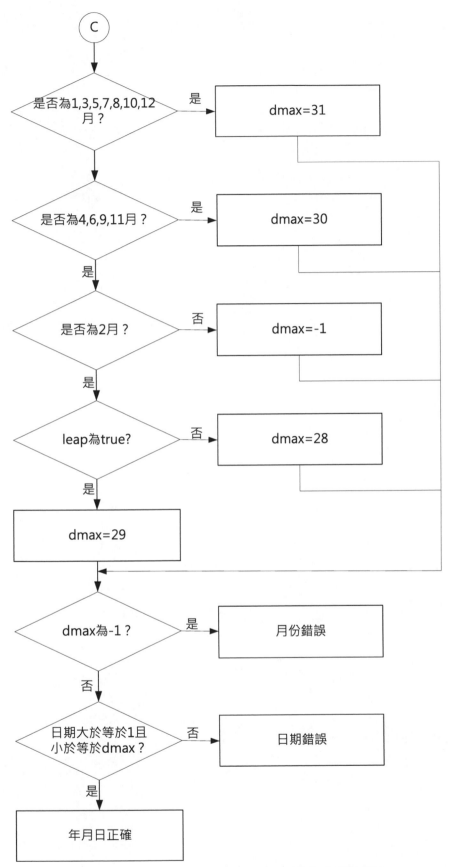

圖 5、V2.0 之平閏年判斷部份

10

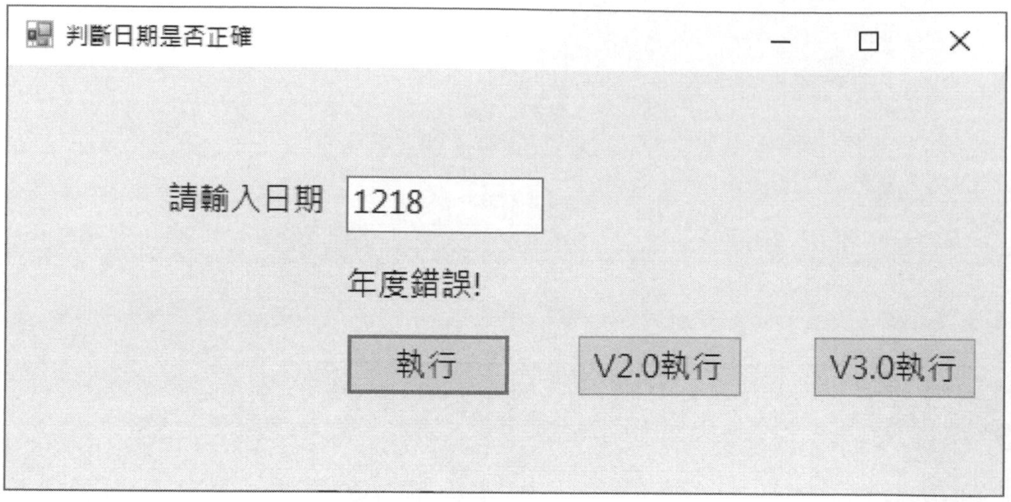

圖 6、未輸入年度資料

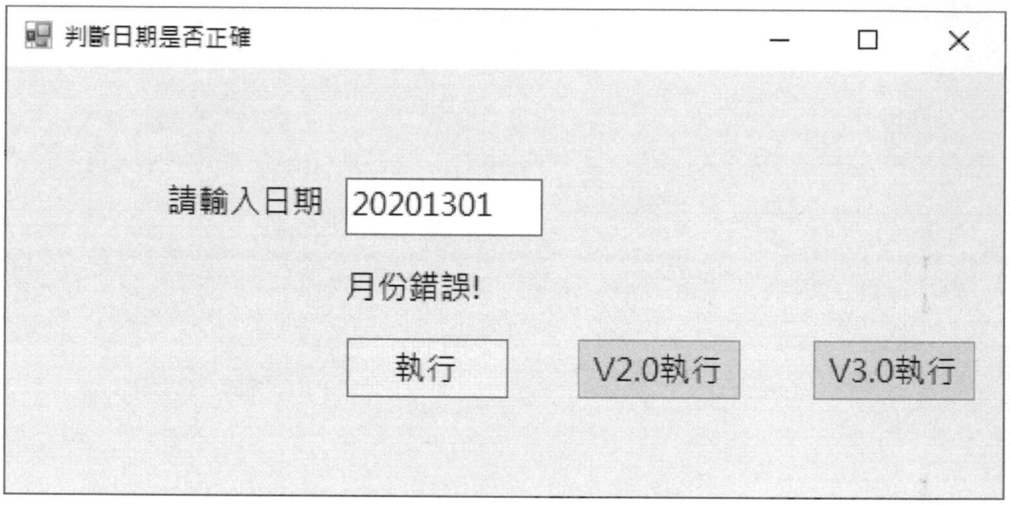

圖 7、輸入之月份錯誤

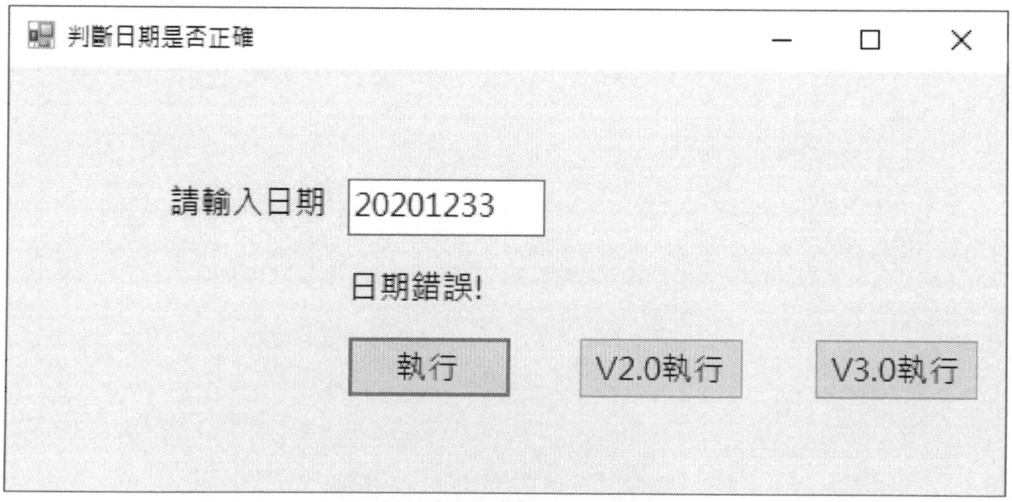

圖 8、輸入之日期錯誤

11

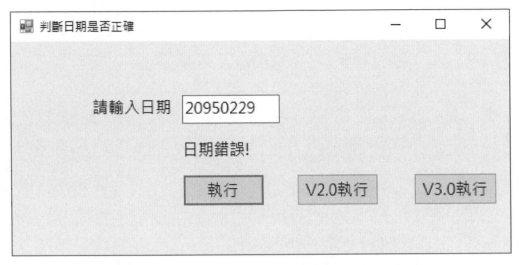

圖 9、2095 年為平年該年 2 月 29 日為錯誤日期

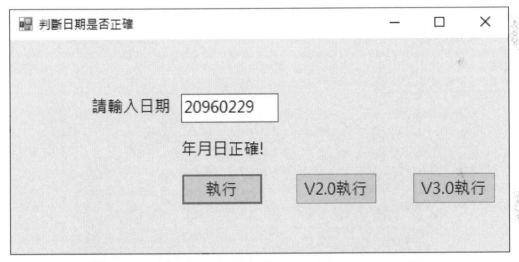

圖 10、2096 年為閏年該年 2 月 29 日為正確日期

參考資料

[1] 維基百科，閏年，網址：https://zh.wikipedia.org/wiki/閏年，瀏覽日期：
2019 年 5 月 19 日。

12

```csharp
1    using System;
2    using System.Collections.Generic;
3    using System.ComponentModel;
4    using System.Data;
5    using System.Drawing;
6    using System.Linq;
7    using System.Text;
8    using System.Windows.Forms;
9
10   namespace p1
11   {
12       public partial class Form1 : Form
13       {
14           public Form1()
15           {
16               InitializeComponent();
17           }
18           private void button1_Click(object sender, EventArgs e)
19           {
20               int d, y, m, d1;
21               d1 = 0;
22               label2.Text = "";
23               try
24               {
25                   d1 = int.Parse(textBox1.Text);
26               }
27               catch
28               {
29                   d1 = 0;
30               }
31               y = d1 / 10000;
32               m = (d1 % 10000) / 100;
33               d = d1 % 100;
34               if (y > 0)  //年度必須大於0，輸入位數要至少5位，即10000以上
35               {
36                   if (y % 100 == 0)    //能被100整除
37                   {
38                       if (y % 400 == 0)  //能被400整除者是閏年
39                       {
40                           if (m == 1 || m == 3 || m == 5 || m == 7 || m == 8 || m == 10 || m == 12)   //大月
41                           {
42                               if (d >= 1 && d <= 31) label2.Text = "年月日正確!";
43                               else label2.Text = "日期錯誤!";
44                           }
45                           else if (m == 4 || m == 6 || m == 9 || m == 11)   //小月
46                           {
47                               if (d >= 1 && d <= 30) label2.Text = "年月日正確!";
48                               else label2.Text = "日期錯誤!";
49                           }
50                           else if (m == 2)    //2月
51                           {
52                               if (d >= 1 && d <= 29) label2.Text = "年月日正確!";
53                               else label2.Text = "日期錯誤!";
54                           }
55                           else label2.Text = "月份錯誤!";   //非前述月份
56                       }
57                       else  //能被100整除，但不能被400整除者是平年
58                       {
59                           if (m == 1 || m == 3 || m == 5 || m == 7 || m == 8 || m == 10 || m == 12)
60                           {
61                               if (d >= 1 && d <= 31) label2.Text = "年月日正確!";
```

28

```
62                      else label2.Text = "日期錯誤!";
63                   }
64                   else if (m == 4 || m == 6 || m == 9 || m == 11)
65                   {
66                      if (d >= 1 && d <= 30) label2.Text = "年月日正確!";
67                      else label2.Text = "日期錯誤!";
68                   }
69                   else if (m == 2)
70                   {
71                      if (d >= 1 && d <= 28) label2.Text = "年月日正確!";
72                      else label2.Text = "日期錯誤!";
73                   }
74                   else label2.Text = "月份錯誤!";
75                }
76             }
77             else   //不能被100整除者
78             {
79                if (y % 4 == 0)   //能被4整除者是閏年
80                {
81                   if (m == 1 || m == 3 || m == 5 || m == 7 || m == 8 || m == 10 || m == 12)
82                   {
83                      if (d >= 1 && d <= 31) label2.Text = "年月日正確!";
84                      else label2.Text = "日期錯誤!";
85                   }
86                   else if (m == 4 || m == 6 || m == 9 || m == 11)
87                   {
88                      if (d >= 1 && d <= 30) label2.Text = "年月日正確!";
89                      else label2.Text = "日期錯誤!";
90                   }
91                   else if (m == 2)
92                   {
93                      if (d >= 1 && d <= 29) label2.Text = "年月日正確!";
94                      else label2.Text = "日期錯誤!";
95                   }
96                   else label2.Text = "月份錯誤!";
97                }
98                else    //不能被4整除者是平年
99                {
100                  if (m == 1 || m == 3 || m == 5 || m == 7 || m == 8 || m == 10 || m == 12)
101                  {
102                     if (d >= 1 && d <= 31) label2.Text = "年月日正確!";
103                     else label2.Text = "日期錯誤!";
104                  }
105                  else if (m == 4 || m == 6 || m == 9 || m == 11)
106                  {
107                     if (d >= 1 && d <= 30) label2.Text = "年月日正確!";
108                     else label2.Text = "日期錯誤!";
109                  }
110                  else if (m == 2)
111                  {
112                     if (d >= 1 && d <= 28) label2.Text = "年月日正確!";
113                     else label2.Text = "日期錯誤!";
114                  }
115                  else label2.Text = "月份錯誤!";
116                }
117             }
118          }
119          else   //輸入數字位數小於5位，則年度為0
120          {
121             label2.Text = "年度錯誤!";
122          }
```

```
123          }
124
125      private void button2_Click(object sender, EventArgs e)
126      {
127          int d, y, m, d1, dmax = 0;
128          bool leap = false;
129          d1 = 0;
130          label2.Text = "";
131          try
132          {
133              d1 = int.Parse(textBox1.Text);
134          }
135          catch
136          {
137              d1 = 0;
138          }
139          y = d1 / 10000;
140          m = (d1 % 10000) / 100;
141          d = d1 % 100;
142          if (y > 0)      //年度必須大於0,輸入位數要至少5位,即10000以上
143          {
144              if (y % 100 == 0)
145              {
146                  if (y % 400 == 0)
147                  {
148                      leap = true;  //年度能被400整除者,設定為閏年
149                  }
150                  else
151                  {
152                      leap = false;     //年度能被100整除但不能被400整除者,設定為平年
153                  }
154              }
155              else
156              {
157                  if (y % 4 == 0)
158                  {
159                      leap = true;  //年度不能被100整除但可以被4整除者,設定為閏年
160                  }
161                  else
162                  {
163                      leap = false;  //年度不能被100整除也不能被4整除者,設定為平年
164                  }
165              }
166
167          switch (m)
168          {
169              case 1:
170              case 3:
171              case 5:
172              case 7:
173              case 8:
174              case 10:
175              case 12:
176                  dmax = 31;   //大月之最後一天為31
177                  break;
178              case 4:
179              case 6:
180              case 9:
181              case 11:
182                  dmax = 30;   //大月之最後一天為30
183                  break;
```

30

```
184            case 2:
185                if (leap) dmax = 29;    //閏年之2月最後一天為29
186                else dmax = 28;         //平年之2月最後一天為28
187                break;
188            default:        //非為前述之月份，即月份輸入錯誤
189                dmax = -1;
190                label2.Text = "月份錯誤!";
191                break;
192            }
193            if (dmax != -1)
194            {
195                if (d >= 1 && d <= dmax) label2.Text = "年月日正確!";
196                else label2.Text = "日期錯誤!";
197            }
198        }
199        else
200        {
201            label2.Text = "年度錯誤!";
202        }
203    }
204
205    private void button3_Click(object sender, EventArgs e)
206    {
207        int d1, res;
208
209        d1 = 0;
210        label2.Text = "";
211        try
212        {
213            d1 = int.Parse(textBox1.Text);
214        }
215        catch
216        {
217            d1 = 0;
218        }
219        res = isDate(d1);
220        switch (res)
221        {
222            case 0:
223                label2.Text = "年月日正確!";
224                break;
225            case 1:
226                label2.Text = "日期錯誤!";
227                break;
228            case 2:
229                label2.Text = "月份錯誤!";
230                break;
231            case 3:
232                label2.Text = "年度錯誤!";
233                break;
234        }
235    }
236    public int isDate(int ymd)
237    {
238        int d, y, m, dmax = 0;
239        bool leap = false;
240        int ret = 0;
241        y = ymd / 10000;
242        m = (ymd % 10000) / 100;
243        d = ymd % 100;
244        if (y > 0)
```

```
245         {
246             if (y % 100 == 0)
247             {
248                 if (y % 400 == 0)
249                 {
250                     leap = true;
251                 }
252                 else
253                 {
254                     leap = false;
255                 }
256             }
257             else
258             {
259                 if (y % 4 == 0)
260                 {
261                     leap = true;
262                 }
263                 else
264                 {
265                     leap = false;
266                 }
267             }
268
269             switch (m)
270             {
271                 case 1:
272                 case 3:
273                 case 5:
274                 case 7:
275                 case 8:
276                 case 10:
277                 case 12:
278                     dmax = 31;
279                     break;
280                 case 4:
281                 case 6:
282                 case 9:
283                 case 11:
284                     dmax = 30;
285                     break;
286                 case 2:
287                     if (leap) dmax = 29;
288                     else dmax = 28;
289                     break;
290                 default:
291                     dmax = -1;
292                     ret = 2;  //月份錯誤, 回傳錯誤碼2
293                     break;
294             }
295             if (dmax != -1)
296             {
297                 if (d >= 1 && d <= dmax) ret = 0;  //正確則回傳0
298                 else ret = 1; //日期錯誤, 回傳錯誤碼1
299             }
300         }
301     else ret = 3;  //年度為0, 回傳錯誤碼3
302     return ret;
303     }
304   }
305 }
```

影像合成之實習

ＸＸ工商

多媒體動畫科

黃○○

摘要

影像合成是影像處理中相當重要且常見之工作，本實習主要利用 Adobe Photoshop 進行基底影像及來源影像兩影像之合成，主要為從來源影像中取出欲合成影像之人頭部份影像，並貼至基底影像上相對應欲取代之人頭位置上，再利用遮色片及筆刷之功能將來源影像之人頭影像無法與基底合成之部份以筆刷刷為透明，最後再調整來源影像之色相、色彩飽合度及明亮度來與基底影像有較佳之融合。從本實習之過程中，學習到了圖層之操控、遮色片及色相／飽合度之綜合運用，對於後續之影像處理，尤其是影像合成，會有更大之信心與幫助。

1. 簡介

影像合成是一般人在影像及照片之處理上常見之需求，同時在影像處理領域佔有重要之地位，本實習最主要利用 Adobe Photoshop 進行基底影像及來源影像兩影像之合成，主要為從來源影像中取出欲合成影像之人頭部份影像，並貼至基底影像上相對應欲取代之人頭位置上，再利用遮色片[1]及筆刷之功能將來源影像之人頭影像無法與基底合成之部份以筆刷刷為透明，最後再調整來源影像之色相、色彩飽合度及明亮度來與基底影像有較佳之融合，圖 1 為基底影像，圖 2 為來源影像，將來源影像之人頭部份轉貼至基底影像，最後合成如圖 3 之合成圖。

2. 影像之合成

本實習主要之流程如圖 4，首先步驟一開啟圖 5 之基底影像及圖 6 之來源影像，步驟二為選取如圖 6 來源影像中欲合成之頭部部份影像，接著，步驟三如圖 7 在基底影像中新增圖層，該一新增之圖層用來存放步驟二所選取欲合成之頭部影像，且其圖層順序為位於基底影像之上，下一步驟，為複製步驟二所選取之頭部影像，並貼至上一步驟所建立之圖層，以準備做合成，下一步驟，步驟五，為如圖 9 移動所貼上之頭部影像至基底影像之頭部位置，由於兩圖層之關係為上下圖層，要完全精確地對準，恐怕是較難達成，因此，移動之位置先大略對齊即可，更精確之位置待後續步驟再加以調整，接下來為了能較精確地調整所貼上之

1

頭部影像之大小及位置，以便與基底影像之頭部位置與大小相同，步驟六如圖 10 將上層圖層之不透明度設為 50%成為半透明，可看見上層圖層之影像，亦可看到下層圖層之影像，並再次調整上層頭部影像之位置以和下層影像之頭部位置更為對齊，然後，步驟七如圖 11，以下層基底影像頭部之大小為準，調整上層頭部影像之大小，使之符合前者之大小，以便可以與下層基底影像更無縫地融合，接下來要進行頭部影像之合成，步驟八如圖 12 將上層影像設為遮色片圖層，以便將上層影像之部份區域遮蔽，以產出上下圖層融合之效果，接著，步驟九，在如圖 13，在 Photoshop 工具面板上選取筆刷工具，並將前景顏色設為黑色，以便利用筆刷，隱藏被筆刷刷過之部份影像，對於不同之影像區域可調整筆刷之大小及形狀，以便更快速及方便地將不想在上層圖層出現之部份隱藏，圖 14 為完成遮蔽隱藏後之狀況，觀察圖 14，其中頭部與基底影像之脖子與身體部份，似乎稍微有一點角度之歪斜，並非完全同向，步驟十主要即要調整角度之問題，如圖 15，利用變形功能中之旋轉功能，稍加右轉以調整上層圖層影像之方向與下層基底影像之身體部份影像之方向一致，圖 16 為到目前為止之成果，但觀察圖 16，雖然其頭部大小及位置與基底影像已有不錯之融合效果，但仍可容易看出來頭部與身體及頭髮是兩個不同個體所湊合出來的，其主要問題點就在於兩者之色彩及明暗度之部份仍有差距，所以最後一個步驟，步驟十一就是要調整上層之頭部影像部份，使它與基底影像之身體部份應有更好的融合效果，如圖 17 為利用 Photoshop 之色相／飽合度調整上層頭部影像之飽合度及亮度，圖 18 為以圖 17 之結果再調整色相、飽合度及亮度使上層圖層與下層圖層之色彩外觀能更加一致，強化合成效果之結果。

3. 心得與討論

很多真實世界無法呈現或難以呈現出之景象可以影像合成之技巧來完成，不僅化不可能為可能，同時亦可節省取得難以拍攝影像之成本，影像合成之成果，依個人之淺見，可分為下列之層級：

(1) 天衣無縫級：即合成之成果，來源影像與基底影像經技巧性地處理後，即使有經驗之專家甚或以自動化或電腦軟體拆解分析影像之構造及像素亦無法分辨出真偽者。

(2) 可遠觀級：合成之成果在一般之顯示狀態下，相當自然地呈現，不容易發現有不匹配之痕跡，但在局部之細部或放大觀察時會發現有來源影像

2

與基底影像之痕跡。

(3) 驚鴻一瞥級：合成之成果影像在短暫時間或剛看合成圖片時，有良好之合成影像之印象，但較長時間之觀看時，可發現合成影像之痕跡。

(4) 原形畢露級：合成之成果影像，因來源影像與基底影像之匹配度不佳或修圖之技巧不良，導致合成之成果影像中之來源影像與基底影像可清楚地分辨出，使觀看者一眼就可看穿合成之成果影像為合成影像。

欲強化合成影像之效果，使合成影像有較佳之融合度，除了良好之修圖技巧外，合成前來源影像及基底影像之選取亦是一重要之因素，選取匹配度較佳之來源影像及基底影像組合除了可降低修圖技巧之需求度外，更可降低因修圖亦無法處理之缺失的呈現之機率，以本實習為例，所欲替換之影像為基底影像中之頭部區域，因此，在來源影像之頭部部份與基底影像之頭部部份其大小、方向、色調部份相似度越高，即可降低合成過程中所需花費之修圖工作需求。

本實習之成果，以個人之評估，約在可遠觀級，圖 3 之成果在不細究之狀況下，能有不錯之效果，但在耳邊及週邊髮絲部份放大觀看仍可發現一些稍不匹配之痕跡，需要投入更多之時間及人力在細部之修圖，以產出更精緻之效果。

圖 1、基底影像

3

圖 2、來源影像

圖 3、成果影像

4

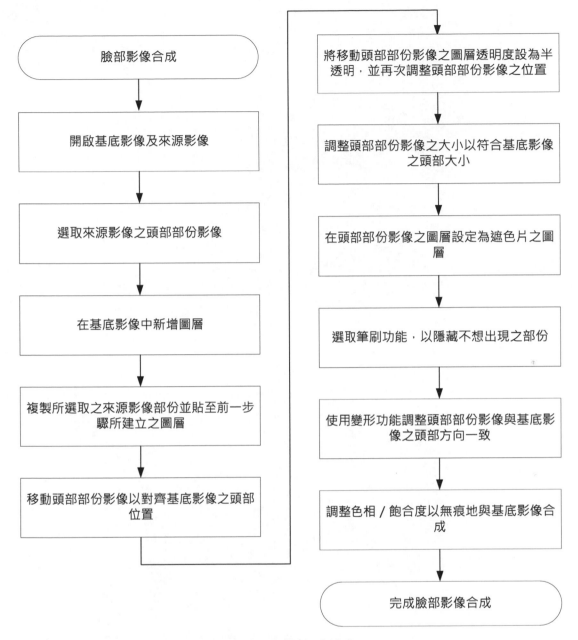

圖 4、影像合成流程

圖 5、開啟基底影像

圖 6、開啟來源影像並選取欲合成之部位

6

圖 7、在基底影像中新增圖層

圖 8、複製步驟二之選取區並貼至所建立之新圖層

7

圖 9、移動頭部部份影像以對齊基底影像之頭部位置

圖 10、設定上層圖層為半透明

8

圖 11、調整頭部部份影像之大小以符合基底影像之頭部大小

圖 12、在頭部部份影像之圖層設定為遮色片之圖層

9

圖 13、選取筆刷功能，以隱藏不想出現之部份

圖 14、遮蔽與隱藏上層圖層部份影像後之成果

10

圖 15、使用變形功能調整頭部部份影像與基底影像之頭部方向一致

圖 16、完成頭部旋轉後之成果影像

11

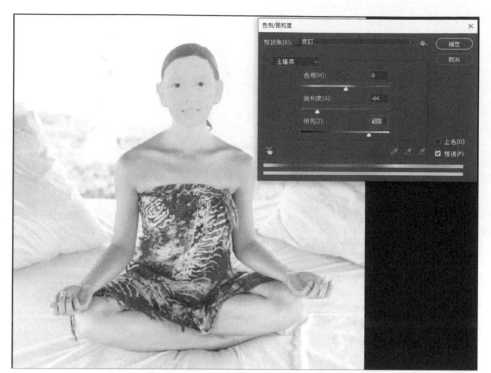

圖 17、調整頭部影像之飽合度及亮度後之成果影像

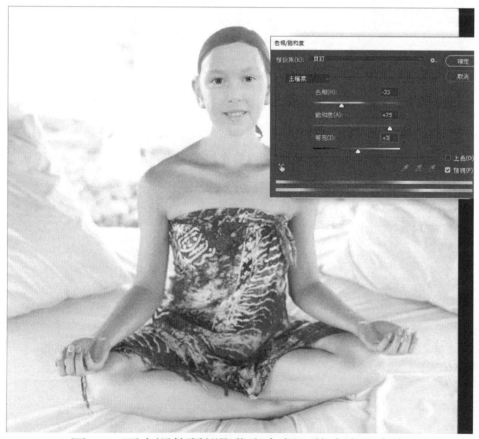

圖 18、再次調整頭部影像之色相、飽合度及亮度

12

參考資料

[1]　Adobe ， 遮 色 片 圖 層 ， 網 址 ：
https://helpx.adobe.com/tw/photoshop/using/masking-layers.html，瀏覽
日期：2019 年 7 月 19 日。

13

Word 文書處理軟體之使用心得

○○工商 餐飲管理科

郭◎◎

摘要

Word 是一套相當受歡迎之文書處理軟體，應用層面相當廣泛，從基本之文書編排，到較複雜之版面編輯皆可適用，我在ＸＸ工商(高工)期間，學校開設了文書處理課程，也開啟了我對 Word 的探索之門，從門外漢經過一年的學習我學會除了版面配置、字型修改與設計、排序等基本之編輯外，像較進階之插入圖表目錄皆可運用自如，雖還不致爐火純青，但也稍可稱略知一二。

1. 簡介

Microsoft Word 是微軟公司所開發的文書處理應用程式，最初在 1983 年由 Richard Brodie 為了執行 DOS 的 IBM 電腦而編寫的，隨後 1984 年的版本可執行於 Apple Macintosh 及 SCO UNIX，至 1989 年時並可在 Microsoft Windows 上執行，並成為了 Microsoft Office 的一部分[1]，隨後 Word 經過多次改版，並新增許多實用之功能，奠定了後續廣受歡迎之基石。

Word 畫面中最上方中間部份為檔案名稱，新開之檔案 Word 會以文件 1, 文件 2, 文件 3,..., 文件 n 命名，首次存檔時 Word 為再詢問欲儲存之檔名，左邊最上方為選單列，提供 Word 可使用之選單，上方長排紅框框住為各項單項目之快速按鈕，目前所顯示為「常用」選單項目之快速按鈕，不同之選單項目會有不同之按鈕群，中間部份白色長方形為文件內容之編輯區，視窗右下角紅框框住部份為顯示比例之調整，顯示比例除了可用視窗右下角顯示比例調整之方式來調整顯示比例外，亦可用 Ctrl+滑鼠滾輪來改變顯示之比例。

本報告主要記錄我在 Word 的學習成果，包含基本編排、版面設置、表格插入與設定、頁首與頁尾設定、交互參照及插入圖表目錄等各項功能之成果展現。

1

2. 學習成果

(1) Word 基本編排

Word 之常用選單項目，包含剪貼簿、字型、段落、樣式及編輯等類別。剪貼簿包含一般之複製、剪下及貼上亦可分別以按鍵的 Ctrl+c、Ctrl+x 及 Ctrl+v 來取代以達快速編輯之目的，而複製格式為複製之目標為格式非文件內容，其操作方式如下：

① 選取如圖 1(a)中包含有欲複製格式之文件內容(即文字、圖形或表格的文件內容)。

② 圖 1(b)為選取之範圍。

③ 點按圖 1(c)中之複製格式按鈕。

④ 如圖 1(d)選取欲套用所複製格式之文件內容後，該格式自動套用在所選取之文件內容。

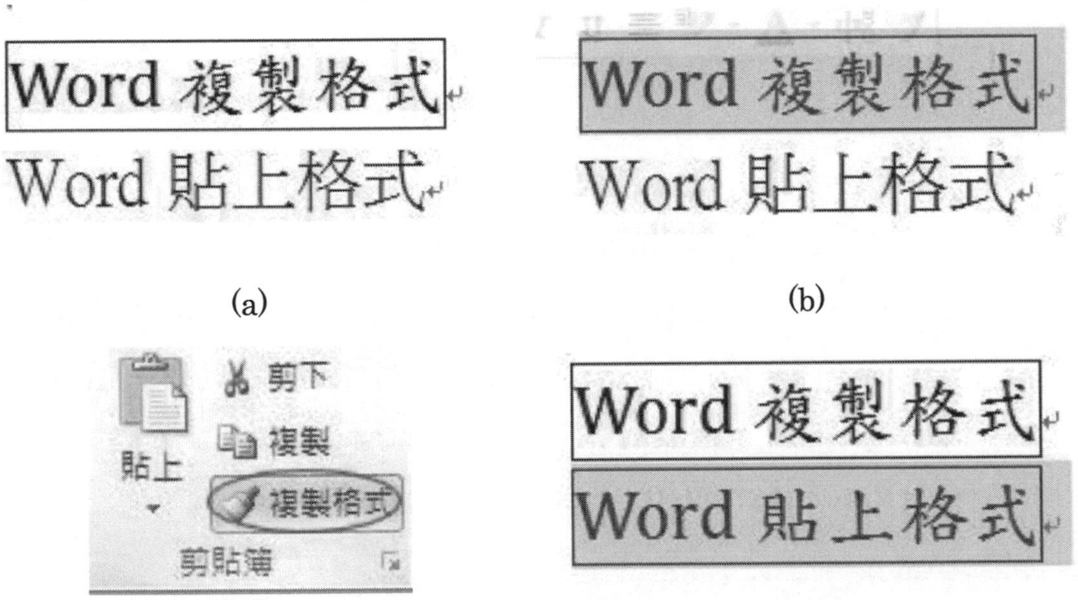

(a)

(b)

(c)

(d)

圖 1、複製格式之操作範例

字型編輯類別如圖 2 包含字型設定、字型大小、放大字型、縮小字型、大小寫轉換、清除格式、注音標示、字元框線、粗體、斜體、底線、刪除線、下標、上標、字型效果、螢光筆效果、字型顏色、網底及圍繞字元的功能，點按圖 2 右下角圓圈處，會出現如圖 3(a)之字型設定之對話

2

方塊(Dialog Box)，其與一般之字型設定相同，另外，還有一如圖 3(b)之進階對話頁面，包含字元之縮放比例、字元間距及位置之設定，另外，OpenType[2, 3]提供連字、數字間距、數字表單及文體字之功能，而其文字效果按鈕按下後，如圖 3(c)之對話方塊，包含文字填滿、文字外框、外框樣式、陰影、反射、光暈和柔邊及立體格式等設定，綜合之演練成果如圖 4 所示。

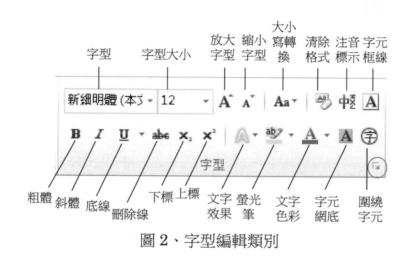

圖 2、字型編輯類別

　　圖 5 為段落快速設定面板，包含項目符號、編號、多層次清單、減少縮排、增加縮排、亞洲配置方式、排序顯示、隱藏標記、靠左對齊、置中對齊、靠右對齊、左右對齊、分散對齊、行距與段落間距、網底及框線等設定功能，圖 6 為利用排序功能對一組資料進行順序之調整，圖 6(a)為原始資料，包含序號、學號、姓名及成績的 4 個欄位，其為按序號由大而小排列，欲進行排序時，其步驟如下：

① 如圖 6(b)選取所欲排序之資料，接著；

② 再如圖 6(c)接下排序按鈕；

③ 由於 Word 預設欄位區隔為逗號，但本例以空白為欄位區隔，因此，如圖 6(d)按下選項按鈕；

④ 出現如圖 6(e)之對話方塊，在欄位區隔處選擇其他並輸入空白鍵，按下確定鈕返回圖 6(d)之對話方塊，按下確定鈕以進行排序。

　　圖 7 為以圖 6(d)所設定之按欄位 1 亦即序號，以數字類型遞增方式的排序，

3

48

圖 8(a)為按欄位二學號排序之設定，圖 8(b)為其排序之結果，圖 9(a)為按欄位 3 姓名排列，而姓名包含中文字，因此，可選擇以筆劃方式來排序，圖 9(b)為其排序之結果。排序功能可以很方便地將資料按自己所需之排列方式來排序，為一實用之功能。

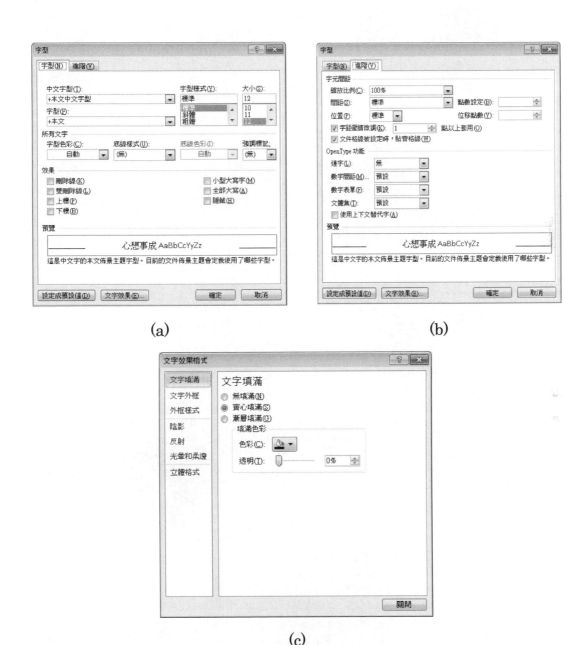

(a)   (b)

(c)

圖 3、字型設定對話方塊

caps lock ⇨ Caps lock 　句首大寫
caps lock ⇨ CAPS LOCK 　大寫
caps lock ⇨ Caps Lock 　每個單字大寫
Caps Lock ⇨ cAPS lOCK 　切換大小寫

注（ㄓㄨˋ）音（ㄧㄣ）標（ㄅㄧㄠ）示（ㄕˋ）

字體效果

反射效果

陰影效果

光暈效果

圖 4、字型效果範例

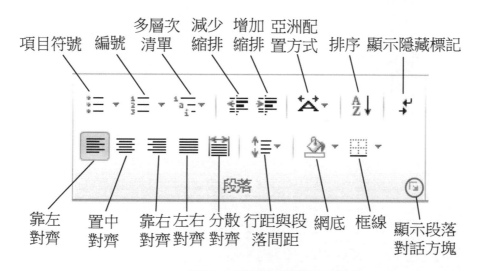

項目符號　編號　多層次清單　減少縮排　增加縮排　亞洲配置方式　排序　顯示隱藏標記

靠左對齊　置中對齊　靠右對齊　左右對齊　分散對齊　行距與段落間距　網底　框線　顯示段落對話方塊

段落

圖 5、段落快速設定面板

5

01 103122029 江辰智 0
02 104248853 黃秉建 50
03 105428023 何哲秉 60
04 105428035 詹智冠 60
05 105428802 許建璋 56
06 107422046 張璋智 58
07 109422049 黃瑋典 65
08 108422051 高秉哲 47
09 104422052 李辰彥 63
10 102422053 郭建瑋 85
11 103422055 馬冠辰 85

(a)、按序號遞增排列之成績資料

01 103122029 江辰智 0
02 104248853 黃秉建 50
03 105428023 何哲秉 60
04 105428035 詹智冠 60
05 105428802 許建璋 56
06 107422046 張璋智 58
07 109422049 黃瑋典 65
08 108422051 高秉哲 47
09 104422052 李辰彥 63
10 102422053 郭建瑋 85
11 103422055 馬冠辰 85

(b)、選取欲排序之資料

(c)、按下排序按鈕

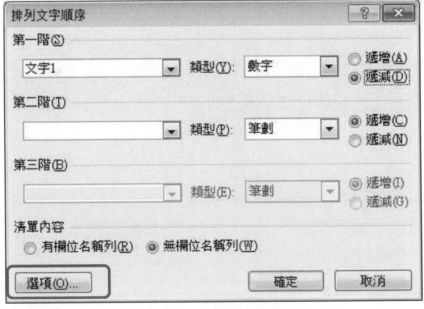

(d)、按下選項進行設定

6

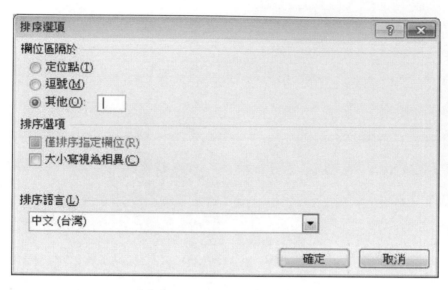

(e)、設定欄位區隔為空白

圖 6、排序功能之使用

```
11 103422055 馬冠辰 85↵
10 102422053 郭建瑋 85↵
09 104422052 李辰彥 63↵
08 108422051 高秉哲 47↵
07 109422049 黃瑋典 65↵
06 107422046 張瑋智 58↵
05 105428802 許建瑋 56↵
04 105428035 詹智冠 60↵
03 105428023 何哲秉 60↵
02 104248853 黃秉建 50↵
01 103122029 江辰智 0↵
```

圖 7、以欄位 1 遞減方式排序後之結果

7

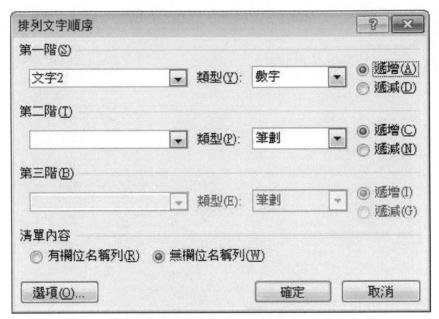

排列文字順序

第一階(S)

文字2　類型(Y): 數字　◉ 遞增(A)　◯ 遞減(D)

第二階(T)

類型(P): 筆劃　◉ 遞增(C)　◯ 遞減(N)

第三階(B)

類型(E): 筆劃　◉ 遞增(I)　◯ 遞減(G)

清單內容
◯ 有欄位名稱列(R)　◉ 無欄位名稱列(W)

選項(O)...　確定　取消

(a)、設定欄位 2-學號為排序基準

10 102422053 郭建瑋 85↵
01 103122029 江辰智 0↵
11 103422055 馬冠辰 85↵
02 104248853 黃秉建 50↵
09 104422052 李辰彥 63↵
03 105428023 何哲秉 60↵
04 105428035 詹智冠 60↵
05 105428802 許建瑋 56↵
06 107422046 張瑋智 58↵
08 108422051 高秉哲 47↵
07 109422049 黃瑋典 65↵

(b)、按(a)之設定後排序之結果
圖 8、以欄位 2 遞增方式排序

8

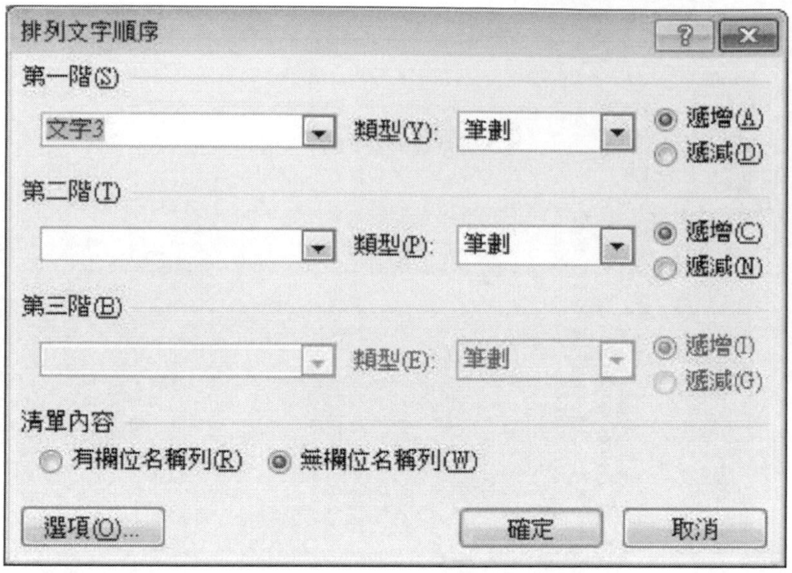

(a)、以欄位 3-姓名排序且排序類型為按筆劃遞增排序

01	103122029	江辰智	0
03	105428023	何哲秉	60
09	104422052	李辰彥	63
11	103422055	馬冠辰	85
08	108422051	高秉哲	47
06	107422046	張璋智	58
05	105428802	許建璋	56
10	102422053	郭建璋	85
02	104248853	黃秉建	50
07	109422049	黃瑋典	65
04	105428035	詹智冠	60

(b)、按(a)之設定後排序之結果

圖 9、以欄位 3 遞增方式排序

(2) 新增圖表目錄[1]

對於撰寫論文或報告，內容中通常會包含數個甚或數十個或更多之圖或表，而一般之論文或報告除了一般之目錄外，尚需標示圖目錄及表目錄，以傳統文書處理之方式處理，圖表目錄不但管理不易，常會有錯誤，尤其在修改更動後，更

---

[1] 為了能模擬符合專業實習科目實習報告之製作，本範例使用經濟部智慧財產局所發表之研究報告[4]做為說明之素材來源。

會產生許多錯誤，Word 提供了圖表目錄之插入及管理，可以很方便正確地做圖表目錄之管理。下列範例按一般之慣例圖的標題在圖的下方，表的標題在表的上方。圖 10 為一段文章，欲在其後插入一表格，圖 11 為插入後之畫面，接著將游標定位在表格上方，表格標題欲放置之位置，然後選取表格，接下來點選上方選單切換至參考資料，然後選單在下方之快速按鈕區點按插入標號，出現如圖 12 之對話方塊，在標號處輸入標題之名稱並將位置選擇為選取項目之上，按確定鈕後，表格上方會如圖 13 增加該表格之標題，如圖 14 將其文字做適當之設定，再以同樣做法再新增其他表格或圖，圖 15 為插入另一表格之畫面，圖表插入完成後，接下來要將目前檔案中所有之圖表目錄新增至檔案之內文中，首先將滑鼠游標移至欲插入圖表目錄之位置，先確認上方選單已切換至參考資料，按著點按插入圖表目錄，會出現如圖 16 之對話方塊，在該對話方塊上點按確定，即可如圖 17 將目前之圖表目錄加入至滑鼠游標所在之位置。

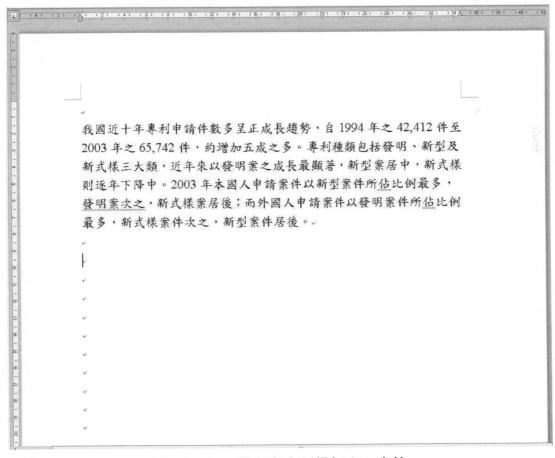

圖 10、在一段文章中預備插入一表格

10

我國近十年專利申請件數多呈正成長趨勢，自 1994 年之 42,412 件至 2003 年之 65,742 件，約增加五成之多。專利種類包括發明、新型及新式樣三大類，近年來以發明案之成長最顯著，新型案居中，新式樣則逐年下降中。2003 年本國人申請案件以新型案件所佔比例最多，發明案次之，新式樣案居後；而外國人申請案件以發明案件所佔比例最多，新式樣案件次之，新型案件居後。

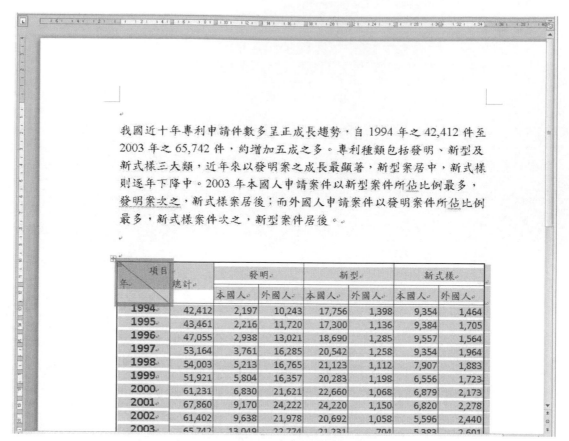

項目 年	總計	發明		新型		新式樣	
		本國人	外國人	本國人	外國人	本國人	外國人
1994	42,412	2,197	10,243	17,756	1,398	9,354	1,464
1995	43,461	2,216	11,720	17,300	1,136	9,384	1,705
1996	47,055	2,938	13,021	18,690	1,285	9,557	1,564
1997	53,164	3,761	16,285	20,542	1,258	9,354	1,964
1998	54,003	5,213	16,765	21,123	1,112	7,907	1,883
1999	51,921	5,804	16,357	20,283	1,198	6,556	1,723
2000	61,231	6,830	21,621	22,660	1,068	6,879	2,173
2001	67,860	9,170	24,222	24,220	1,150	6,820	2,278
2002	61,402	9,638	21,978	20,692	1,058	5,596	2,440
2003	65,742	13,049	22,774	21,231	704	5,383	2,601

圖 11、插入表格後讀取該表格

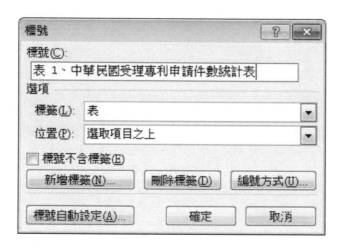

圖 12、插入編號之對話方塊

11

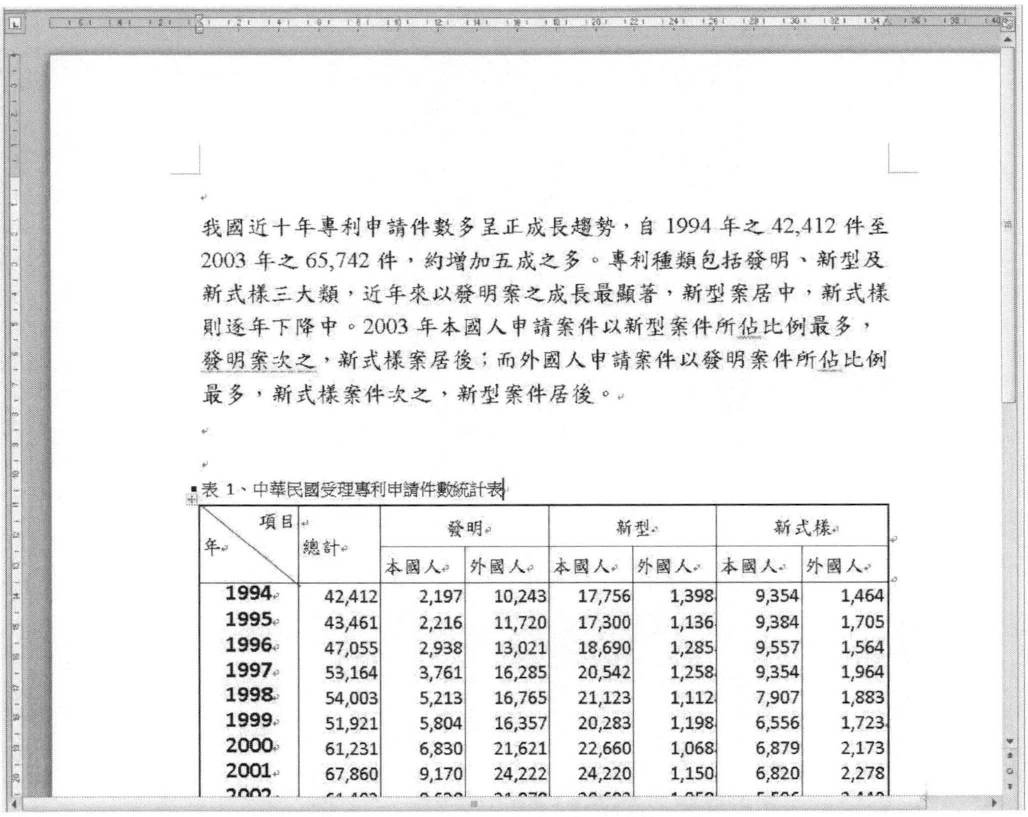

我國近十年專利申請件數多呈正成長趨勢，自 1994 年之 42,412 件至
2003 年之 65,742 件，約增加五成之多。專利種類包括發明、新型及
新式樣三大類，近年來以發明案之成長最顯著，新型案居中，新式樣
則逐年下降中。2003 年本國人申請案件以新型案件所佔比例最多，
發明案次之，新式樣案居後；而外國人申請案件以發明案件所佔比例
最多，新式樣案件次之，新型案件居後。

表 1、中華民國受理專利申請件數統計表

年\項目	總計	發明		新型		新式樣	
		本國人	外國人	本國人	外國人	本國人	外國人
1994	42,412	2,197	10,243	17,756	1,398	9,354	1,464
1995	43,461	2,216	11,720	17,300	1,136	9,384	1,705
1996	47,055	2,938	13,021	18,690	1,285	9,557	1,564
1997	53,164	3,761	16,285	20,542	1,258	9,354	1,964
1998	54,003	5,213	16,765	21,123	1,112	7,907	1,883
1999	51,921	5,804	16,357	20,283	1,198	6,556	1,723
2000	61,231	6,830	21,621	22,660	1,068	6,879	2,173
2001	67,860	9,170	24,222	24,220	1,150	6,820	2,278

圖 13、插入表格後讀取該表格

我國近十年專利申請件數多呈正成長趨勢，自 1994 年之 42,412 件至
2003 年之 65,742 件，約增加五成之多。專利種類包括發明、新型及
新式樣三大類，近年來以發明案之成長最顯著，新型案居中，新式樣
則逐年下降中。2003 年本國人申請案件以新型案件所佔比例最多，
發明案次之，新式樣案居後；而外國人申請案件以發明案件所佔比例
最多，新式樣案件次之，新型案件居後。

表 1、中華民國受理專利申請件數統計表

年\項目	總計	發明		新型		新式樣	
		本國人	外國人	本國人	外國人	本國人	外國人
1994	42,412	2,197	10,243	17,756	1,398	9,354	1,464
1995	43,461	2,216	11,720	17,300	1,136	9,384	1,705
1996	47,055	2,938	13,021	18,690	1,285	9,557	1,564
1997	53,164	3,761	16,285	20,542	1,258	9,354	1,964
1998	54,003	5,213	16,765	21,123	1,112	7,907	1,883
1999	51,921	5,804	16,357	20,283	1,198	6,556	1,723
2000	61,231	6,830	21,621	22,660	1,068	6,879	2,173

圖 14、表格標題設定適當文字格式

12

我國近十年專利申請件數多呈正成長趨勢，自 1994 年之 42,412 件至 2003 年之 65,742 件，約增加五成之多。專利種類包括發明、新型及新式樣三大類，近年來以發明案之成長最顯著，新型案居中，新式樣則逐年下降中。2003 年本國人申請案件以新型案件所佔比例最多，發明案次之，新式樣案居後；而外國人申請案件以發明案件所佔比例最多，新式樣案件次之，新型案件居後。

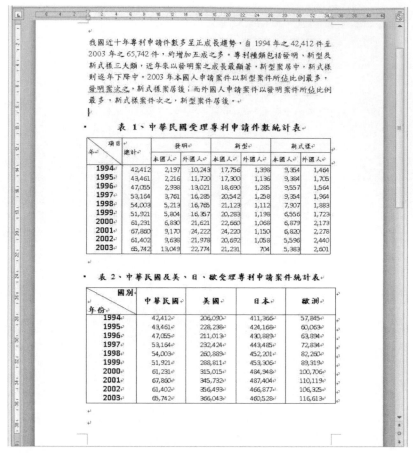

圖 15、插入另一表格

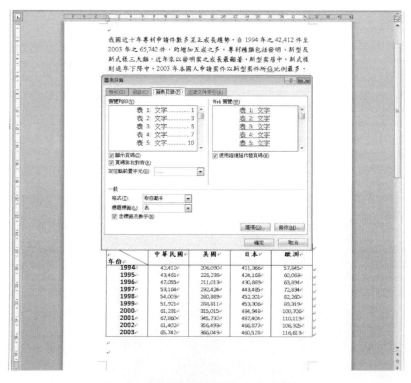

圖 16、插入圖表目錄之對話方塊

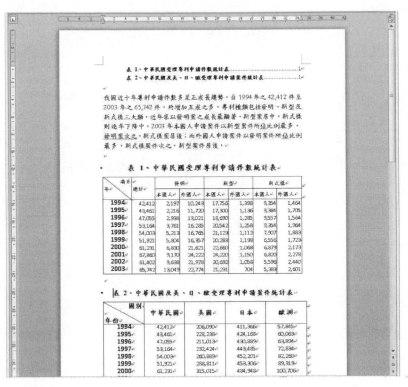

圖 17、插入圖表目錄

3. 結語

　　本報告列出◎◎在 Word 方面之學習心得，其中圖表目錄對於製作較為嚴謹之論文或報告相當有幫助，後續檔案內容若有更動而影響目錄之標示，全部交由電腦自動管理並更新，省去人力手工管理及更新的煩瑣，同時保持 100%之正確性。未來希望能學習透過電腦程式之方式來控制 Word 甚或 Office 之成員軟體，◎◎覺得相當有趣，同時亦能提昇軟體整合之整體效能。

參考資料

[1] 維基百科，Microsoft Word，網址：
https://zh.wikipedia.org/wiki/Microsoft_Word，瀏覽日期：2019 年 5 月
19 日。

[2] 維基百科，OpenType，網址：https://zh.wikipedia.org/wiki/OpenType，
瀏覽日期：2019 年 5 月 20 日。

[3] Microsoft，OpenType 字型功能，網址：
https://docs.microsoft.com/zh-tw/dotnet/framework/wpf/advanced/opent
ype-font-features，瀏覽日期：2019 年 5 月 20 日。

[4] 經濟部智慧財產局，2003 年我國與美日歐專利申請暨核准概況分析，網址：
https://www.tipo.gov.tw/ct.asp?xItem=219414&ctNode=6883&mp=1，瀏
覽日期：2019 年 5 月 20 日。

接近警報器之設計與實作

Ｘ Ｘ工商

△△科

賴○○

摘要

本練習整合 QuickBLE、Makey Makey、Scratch 及超音波距離感測器，利用 QuickBLE 設定超音波距離感測器偵測之距離，超音波距離感測器並偵測前方障礙物之距離，接近到一定距離，QuickBLE 即透過其本身之 5V 輸出接點，連接 Makey Makey 後以產生按鍵 f 來通知電腦，進行警示輸出。本專題之成果雖不是一個高深或難以達成之工作，但本專題主要目的為利用現成之工具來進行組合，試圖以零程式碼或低度程式碼之介入下，以簡單易懂的方式完成原需程式碼才可完成之工作，這樣可有效快速推廣在各種不同之應用之製作並可讓更多人利用相同之工具，快速完成各種 DIY 之工作。

1. 簡介

一般之接近警報器若欲與電腦連接，通常需將接近警報器連接如 Arduino 等之單晶片或微處理器，讓 Arduino 來取得與其連接之超音波距離感測器所感測到之距離，然後 Arduino 再將感測到的距離透過可能的連接技術與電腦連接，以傳送該一所感測到之距離給電腦進行分析與處理，但這一過程中需要在 Arduino 設計與超音波距離感測器及電腦通訊之程式，雖不是複雜之程式，但不用設計程式的做法當然會比較簡便，本練習嘗試以不同之做法，整合 QuickBLE[1]、Makey Makey[2]、Scratch[3] 及超音波距離感測器，利用 QuickBLE 設定超音波距離感測器偵測之距離，超音波距離感測器並偵測前方障礙物之距離，接近到一定距離，QuickBLE 即透過其本身之 5V 輸出接點，連接 Makey Makey 後以產生按鍵 f 來通知電腦，進行警示輸出。QuickBLE 是一種 DIY 互動裝置平台，透過簡易的接線與專屬的 App 設定，可快速建立個人化的互動裝置，而 Makey Makey 為大家所熟知它是可將各種物體當成開關並以 HID

1

技術傳送特定之按鍵給所連接之電腦，以做為與電腦互動之一種工具。本練習所需之軟硬體材料如下：

- ➢ Makey Makey 電路板 X 1
- ➢ QuickBLE X 1
- ➢ 超音波距離感測器 X 1
- ➢ 電腦
- ➢ Scratch

2. 實作與設定

實作部份之程序首先須將 QuickBLE、超音波距離感測器及電腦以適當之媒介連接，接著再設定 QuickBLE 以控制超音波距離感測器之作動，最後再以 Scratch 設計程序區塊以達到控制之目的。

2.1 硬體連接

圖 1 為 Makey Makey 之照片，下方綠線方框部份為地線，左邊紅色方框部份為按鍵接腳，將 F 之按鍵接腳與任一地線閉路接通，即可令 Makey Makey 透過 USB 接線送出 F 鍵至所連接之電腦，或將 F 鍵之接腳連接至一 0V 之輸出亦可得到相同之結果，本範例即將 F 鍵之接腳連接至一 0V 之輸出，而該一 0V 輸出之接腳，即為 QuickBLE 中 7 號接腳，在控制上將 QuickBLE 連接至一超音波距離感測器，該一超音波距離感測器可透過手機設定超音波之觸發條件，可大於或小於一特定之距離，本範例設定在前方障礙物距離小於 30 公分時，觸發輸出，而輸出之觸發可選擇 USB、蜂鳴器、Relay 或 5V 之輸出接點，本範例選擇 5V 之輸出接點，為了能驅動 Makey Makey，我們設定為反向之輸出，亦即一般未觸發狀態輸出 5V，觸發時則輸出 0V，當超音波距離感測器偵測到前方障礙物距離小於 30 公分時，超音波距離感測器即觸發 QuickBLE 之輸出，因我們設定 QuickBLE 之輸出為 5V 輸出接點，且為觸發時輸出 0V，故此時 QuickBLE 會輸出 0V 之電流，而該一 5V 輸出接點連接到 Makey Makey 的 f 鍵接腳，當其輸出 0V 時，即有地線之效

2

果，使得 Makey Makey 的 f 鍵被觸發，並送出 f 鍵之按鍵資料給電腦，而電腦之 Scratch 程式在收到 f 鍵後，即會執行程式方塊所設定之指令，接線之步驟如下：

1. 連按圖 2 中 QuickBLE 5V 接點與 Makey Makey f 鍵接點。

2. 從 Makey Makey f 鍵接腳連接一條線到 QuickBLE 之標示為 7 號接點之 5V 輸出接點。

3. 如圖 3 分別將超音波距離感測器之 Vcc, Trig, Echo 及 Gnd 連接到 QuickBLE 的 A 接腳, 6 號接腳, 3 號接腳及 G 接腳。

4. 以 USB 連接線之 Micro USB 端插入 Makey Makey，另一端插入電腦 USB 埠。

5. 以 USB 線連接 QuickBLE 及電源，以供給 QuickBLE 電源。

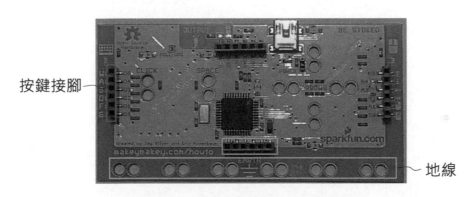

按鍵接腳

地線

圖 1、Makey Makey 之連接

5V 輸出接點

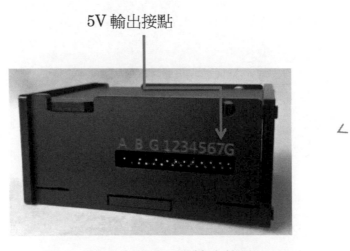

圖 2、QuickBLE 5V 輸出接點

3

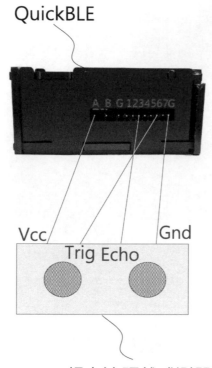

圖 3、超音波距離感測器與 QuickBLE 之連接

2.2 QuickBLE 之設定

　　QuickBLE 為一互動裝置平台，可透過 App 設定，來控制 QuickBLE 之互動行為，其 App 若為 Android 系統，可在 Google Play 免費下載，若為 iPhone，則可在 Apple Store 免費下載，安裝及敲定之步驟如下：

1. 如圖 4 以 Android 系統為例，在 Google Play 下載 QuickBLE。
2. 安裝完成後，開啟 QuickBLE App，選擇圖 5 中超音波距離感測器，以便進行超音波感測器之設定。

4

圖 4、在 Google Play 下載 QuickBLE

3. 圖 6 為超音波距離感測器之設定畫面，點按右上角之 ⋮ 後出現如圖 7 之畫面，點按連線 QuickBLE，畫面顯示如圖 8 之連線程序，因 QuickBLE 使用藍牙連線，所以請先開啟手機之藍牙連線功能，在圖 8 中上方連線資訊處，黃色橢圓框住部份為 QuickBLE 之 ID，當有多台 QuickBLE 在相近的距離同時工作時，手機的藍牙裝置會搜尋到附近所有之 QuickBLE 藍牙設備，要確保連線之設備為正確所欲連線之設備，如圖 9 翻開 QuickBLE 之上蓋，會看到一 4 位之 16 進位數，即可用該一數字選取圖 8 中連線資訊處所顯示之 QuickBLE ID 之設備進行連線，以確保連線並控制正確之 QuickBLE 設備。

4. 圖 10 為連線完成之畫面，現在就可進行各項之設定，觸發後,動作持續時間，如圖 11 設定最短之持續時間 0.1 秒，判斷邏輯(大於,小於)設定為小於，如圖 12 設定為小於，判斷數值(2~400cm)，如圖 13 設定為 30cm，而在輸出部份，點選 5V 輸出，如圖 14 啟用打勾，並設定為 0V 輸出，設定完成後，點按「送出設定到 QuickBLE」，即完成 QuickBLE 之設定。

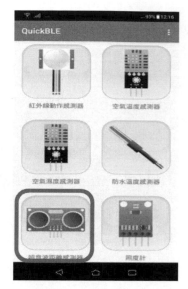

圖 5、選擇超音波距離感測器之設定

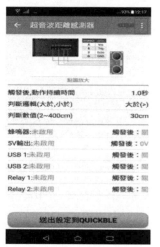

圖 6、超音波距離感測器之設定

連線QuickBLE

QuickBLE官方網站

VierMTech程創科技

WiFi模組設定

圖 7、使用選擇超音波距離感測器之連線

6

圖 8、藍牙連線程序

圖 9、藍牙連線程序

7

圖 10、藍牙連線完成

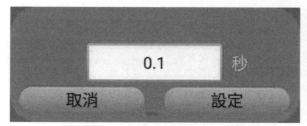

圖 11、設定持續作用時間

圖 12、設定判斷邏輯

8

圖 13、設定判斷數值　　　　圖 14、設定觸發後之輸出

2.3 電腦端設置

電腦端則進入 Scratch 之網站，如圖 15 選擇創造以進入 Scratch，建立新的互動內容，首先，切換到音效頁籤，選取播放警示音之音效 Alert，圖 16 為本範例之執行流程，當綠旗被按下時，開始 Scratch 之執行，本範例首先判斷是否有 f 之按鍵輸入，若有則播放 Alert 音效，若無則回到前面之步驟，繼續判斷是否有 f 之按鍵輸入。按圖 16 流程，為一直偵測是否目前有按下 f 鍵，亦即使用無窮迴圈，迴圈內用來判斷是否有按下 f 鍵，堆疊出如圖 17 程序方塊，其堆疊之步驟如下：

1. 從「事件」方塊群組中選擇 。
2. 從「控制」方塊群組中選擇 ，並置放在步驟 1 綠旗被點擊方塊之下方。
3. 從「控制」方塊群組中選擇 ，並置放在步驟 2 之重複無限次方塊內。
4. 從「偵測」方塊群組中選擇 ，並置放在步驟 3 如果方塊之判斷

9

條件之位置。

5. 點按音樂方塊群組並選擇 ，置放在步驟 3 所新增之如果方塊內。

圖 15、選擇創造進入 Scratch

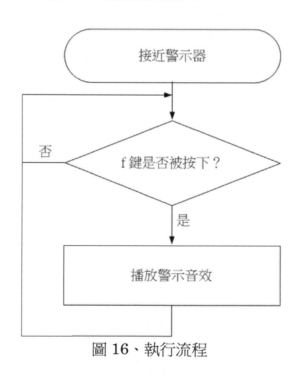

圖 16、執行流程

10

圖 17、程序方塊

3. 結果與討論

圖 18 為本實作之成品照片，從圖中可看出超音波距離感測器連接到 QuickBLE，然後 QuickBLE 的 5V 輸出腳位再連接到 Makey Makey 的 f 鍵輸入接腳，而 Makey Makey 再以 USB 連接到電腦，如前述已將 QuickBLE 的超音波距離感測器之物體偵測設定為 30cm 以下，也就是當超音波距離感測器偵測到物體相距不到 30cm 時就會進行預先設定之動作，就是將 5V 之輸出腳位輸出 0V，傳到該腳位所連接之 Makey Makey 的 f 鍵輸入接腳，引發 Makey Makey 透過 HID(Human Interface Device)之技術將 f 鍵傳送給電腦，此時電腦中的 Scratch 執行著圖 17 之程序方塊，該程式接收到 f 鍵就會播放所設定之音效。

在實際測試中以手掌為障礙物來測試，當手掌在距超音波距離感測器小於 30cm 之距離時，電腦會播放所設定之音效，而當手掌遠離超音波距離感測器超過 30cm 以上時，電腦就不會再播放音效，本練習達到了預定之效果。

4. 結論

在本例中，○○整合了 QuickBLE、Makey Makey、Scratch 及超音波距離感測器，利用 QuickBLE 連接超音波距離感測器並設定超音波距離感測器偵測之距離，超音波距離感測器持續偵測前方障礙物之距離，在接近到一定距離，QuickBLE 即透過控制連接至 Makey Makey 之 f 按鍵接腳之 5V 輸出接點之輸出電壓，使 Makey Makey 產生按鍵 f 來通知電腦，進行警示輸出，結果也顯示其作動如預期之方式作動。

11

本例之設計模式可以應用至其他的感測器，如改以溫度感測器用以監測特定環境、空間或物品之溫度，當達到所設定之溫度即發出警報，其他如 PM2.5 空氣品質感測器、照度計及濕度感測器等皆可以相同作法完成各種監測器，而本例之做法為一種低度程式碼或已接近零程式碼之設計方式，製作者不需要太多之程式設計技能即可製作完成，可以讓更多人實作自身之創意成為一作品。

圖 18、完成之成品

參考資料

[1] 程創科技，QuickBLE，網址：https://viermtech.com.tw/QuickBLE，瀏覽日期：2019 年 5 月 22 日。

[2] Makey Makey LLC, Makey Makey, Available:https://makeymakey.com/pages，Accessed on September 11, 2020.

[3] MIT Media Lab, Scratch, Available:https://scratch.mit.edu，Accessed on September 11, 2020.

12

手機多人連線遊戲之設計及實作

△△工商 ◎◎科
林○○
boylin@uuu.edu.tw

摘要

傳統之線上遊戲(online game)大部份皆以電腦為主，進行電腦對電腦之遊戲，因此線上遊戲之行動性擴展受限，無法發揮線上遊戲加上行動性之樂趣，也是目前線上遊戲的缺憾之一。雖然手持設備如 PDA 及手機迅速的發展，但目前手持式設備之遊戲大都以單機為主，以手持式設備進行線上遊戲者，也是寥寥無幾。

本專題主要設計並實作一個整合性之線上遊戲，除了可以手機與電腦對玩外，並可以手機與手機對玩；手機與電腦可利用無線網路或 3G 方式連接，實作上以 Socket 來通訊，而手機與手機對玩則可選用藍芽或無線網路方式通訊，由於時下大部份手機都備有藍芽通訊機制，因此藍芽通訊是一低成本，且低設備需求之可即用性通訊方式，但由於藍芽通訊本身之特性，在進行手機與手機之線上遊戲時，若過於快速或頻繁之移動，常會造成畫面之延遲，因此，我們發展了一個群集式位置收集技術(clustering location collecting technique)，以克服此一困難點。實作之系統經測試不論在手機與電腦或手機與手機對玩，皆能正常地顯示其畫面以進行整合性之線上遊戲，達成建構一個無所不在(ubiquitous)之線上遊戲系統，使可多人對玩之線上遊戲上，不僅具備多人對玩之互動樂趣外，更加上無所不在之行動特性，使手機線上遊戲饒富更多之趣味性。

關鍵字：線上遊戲、藍芽、群集式位置收集、無所不在

一、前言

使用藍芽連線時可以不必支付網路費，並且同時支援 8 人連線，但藍芽較無線網路的傳輸速度慢，連線距離也無法超過 10 公尺，如果不計傳輸費，改用無線網路則可以達到更多人同時上線的樂趣，因此，遊戲中一共提供用戶兩種連線

1

73

的選擇,如果只是想於短距離享受連線的樂趣那麼就可以開啟藍芽連接和周遭的朋友一起進行遊戲,又或者想要和更多人同時對玩則可以開啟無線網路連線。藍芽和無線網路的連接都是使用雙向連接,藍芽使用 btspp 的通訊協議連接,btspp 就是一種可以進行長連接的雙向通訊協議,而無線網路原先打算使用 HTTP 的協議進行通訊,HTTP 是一種無連接協議,每次連接都只處理一次請求,並且當客戶端收到服務端響應時就會立刻斷開連接,使用無連接協議的伺服端不會專門為客戶端服務,只有發生一次請求時才會服務一次,每次連接都是請求響應一次,如果客戶端離開遊戲,伺服端也無法第一時間的主動得知,因此,為了避免無法即時刪除用戶的問題,改用同雙向連接的 socket 協議,socket 伺服端會監聽一個通訊埠,當有客戶端連上時就會打開一個連接提供雙向通訊的服務,這與藍芽連接類似,設計時除了配對的實作方式不同外,初始化和傳送事件的處理完全相同。

本專題完成的功能如下:

● 可以單機遊戲也可以使用藍芽進行手機對手機,同時也可以使用無線網路進行手機對電腦。

● 遊戲可以於地圖中行走,有一定機率可以發生對戰,玩家隨時可以打開連接亦可以隨時斷開連接(僅限地圖模式中,強制斷線例外)。

二、文獻回顧與探討

根據 2007 台灣數位內容產業年鑒[1],美日各國的手機遊戲市場近幾年穩定上升。而在台灣,行動電話附加服務只佔總營運 10%,還有待提升。台灣對於手機遊戲產業的開發並不像外國一樣,有其廣大的消費市場,林昆聲[2]論文中提   到了堪稱行動服務的國際領導品牌 Gameloft 公司,從其 2006 年至 2008 年營收統計結果發現,其銷售量是不斷的穩定提升,這對台灣遊戲產業有一個很好的參考指標,手機遊戲產業也正顯得有其開發的價值。

在 EMOME[3]遊戲台中,設計手機遊戲的程式語言大致上分為 J2me 和

2

FlashLite 以及只有智慧型手機可使用的 SIS 遊戲，以遊戲台所有遊戲數量統計的結果來看，使用 J2me 編寫的遊戲占大多數，這主要是因為使用 Java 語言編寫的遊戲可以支援較多的手機平台。在高偉傑[4]論文中也提到了 Java 具備了跨平台的功能，雖然說許珉嘉[5]論文中針對手機 Java 應用程式的跨平台還是會受到了不同手機平台的虛擬機所支援的能力影響，在實際上還是必須針對不同手機一一做測試與除錯，直至確定執行沒問題為止。但是以比較其他兩者語言來看，Java 具備的跨平台能力遠遠比其他兩者來的好，就這點硬體差異性的部分還要必須一一的除錯修正，還是可以讓程式員接受的。

藍芽技術根據 File transfer with JSR-82 and OBEX[6]一文中提到目前市場上設備執行的藍芽通訊協定版本一共分有三個版本，分別為 1.1，1.2 及 2.0 不過這並沒有給開發上帶來麻煩，因為新版本的通訊協定與以前的版本是互相相容的。藍芽發送資料的協定分為 RFCOMM 和 OBEX 兩者，如果是要發送和接收流資料使用 RFCOMM 是最好選擇，而要是要發送如物件的資料(傳送檔案)則使用 OBEX 最適合。

目前運用藍芽技術設計的手機遊戲一共分為即時和非即時 [7, 8]兩種，非即時遊戲大多是棋類遊戲，如藍芽五子棋，以一來一往的方式對決，而即時遊戲則大多是賽車動作類居多，以知名的德國 Fishlabs 公司所研發的 V-Rally 3D[9] 就是一款提供雙人連線的賽車遊戲。從兩種類型的遊戲中研究兩者藍芽遊戲實作的最大差別似乎是在即時遊戲中為了達到資料同步，則就必須利用迴圈來不斷的進行 Send 和 Receive 方法。不過從 V-Rally 3D 遊戲中發現，還是會因為傳送資料並無法做到確實的同步，這樣就會讓 Server 端的玩家起跑時還比 Client 端佔優勢。

三、研究方法及步驟

遊戲使用到藍芽 JSR82 的可選包，和無線網路連接的 SocketConnection，目前遊戲預設尺寸為 240*320。圖 1 是遊戲的流程步驟，在系統載入遊戲程式後，遊戲程式選取基本設定內容，並顯示遊戲主畫面，再根據所讀取之內容，來

3

讓使用者進行遊戲之設定,接著再播放開頭動畫,在開頭動畫播放後,就進入地圖模式,在此模式下即可隨時按鍵進入設定模式來進行各種設定,地圖模式後即可進入對戰模式,以進行多人之對戰。

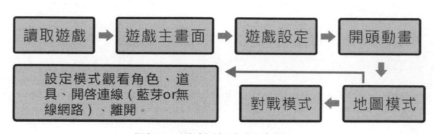

圖1、遊戲的流程步驟

圖2為遊戲一開始之畫面,會預先載入所有資源,完成載入後會進入如圖3之遊戲主選單,第一次遊戲時會如圖4及圖5先設定資料,完成設定後會如圖6進行開頭動畫,遊戲如圖7大部分於地圖中行走,按右對應鍵可以如圖8觀看角色資料或者如圖9打開網路連接,遊戲之過程中採用隨機數,圖10為一對戰畫面。

圖2、載入資源畫面　　圖3、遊戲主選單　　圖4、設定資料

4

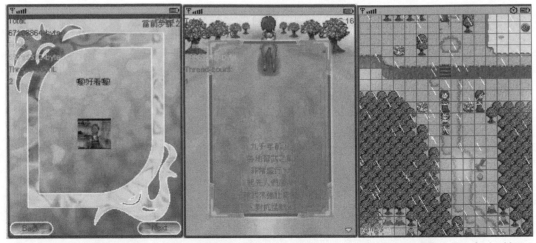

圖 5、設定資料　　　圖 6、開頭動畫　　　圖 7、地圖中行走之狀況

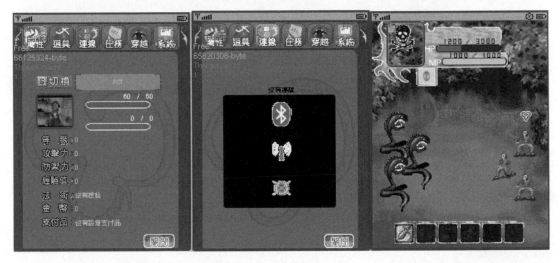

圖 8、觀看角色資料　　圖 9、網路連接設定　　圖 10、基本對戰

　　遊戲連線框架的架構是將藍芽和無線網路整合起來，使用類似 J2ME 通用連接器的架構，連線的架構如圖 11：

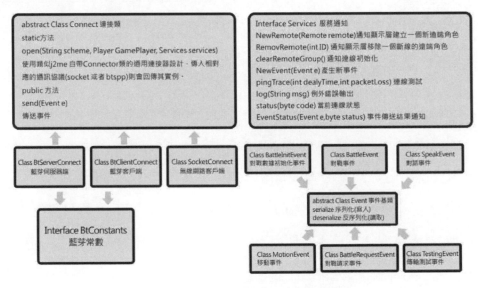

圖 11、連線架構

5

為了了解使用事件發送所需耗費的時間，因此如表 1 將不同數據大小作傳輸速度測試，而測試結果發現，藍芽傳送時如果小於一封包的大小，基本消耗時間多半少於半秒，原先沒有實際測試時未將欲傳送的數據先寫入緩衝流中再一次送出而造成頻繁傳送，以無緩衝流的方式傳送一張圖片所耗費的時間超過 1 分鐘，而以緩衝流傳送則僅需半秒左右，以下是不同資料類型的傳輸速度測試。

表 1、傳輸速度測試

藍芽傳輸速度測試(使用connect框架測試)		
資料類型	數據大小(byte)	傳送時間(總計來回的毫秒時間)
Byte	1	145 ms
Short	2	272 ms
Int	4	293 ms
Long	8	321 ms
Image	2288	418 ms
String	24	183 ms

遊戲地圖採用拼圖(16 *16)的方式設計，使用拼圖可以減少圖片建立所消耗的資源，並且可以用同一張圖片拼出非常多的地圖，在地圖中角色移動到最後時都會位於矩形區域內，這麼做可以如圖 12 更容易進行座標傳送和碰撞檢測：

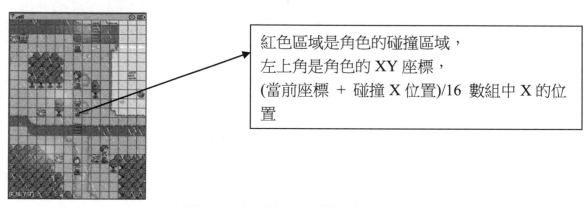

紅色區域是角色的碰撞區域，
左上角是角色的 XY 座標，
(當前座標 + 碰撞 X 位置)/16 數組中 X 的位置

圖 12、座標傳送和碰撞檢測

多人連線時必須傳送角色移動後的新位置，一般傳送的時機是每當發生方向改變時才會傳送，因此如果方向沒有改變時則不會重覆傳送，傳送過程如圖 13 所示，這種傳送方式如果是往同方向移動時則僅需要傳送兩次(向右方向和停止)，一般如果延遲小於 300 毫秒以下都不會感覺到有強制修正座標，但是傳送如果延遲超過半秒以上，以此遊戲畫面每 60 毫秒會更新一次，而一次移動動畫

6

需要四次刷新才會完成所以總共耗費 240 毫秒，圖 14 說明如果利用此傳送方式以最少延遲半秒來說則每次都會發生多走的情況(至少一格)。

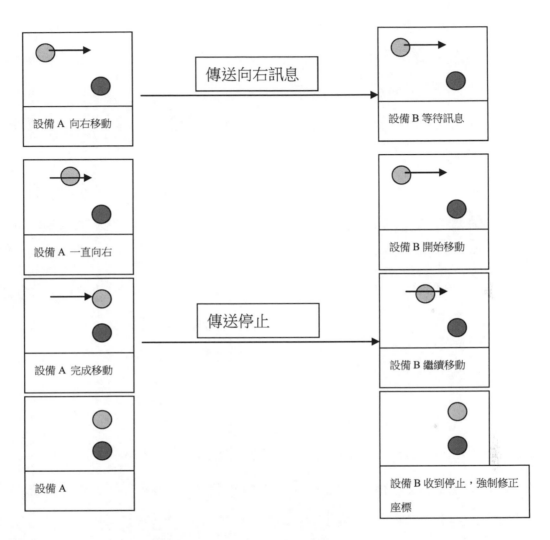

圖 13、角色移動後的新位置傳送

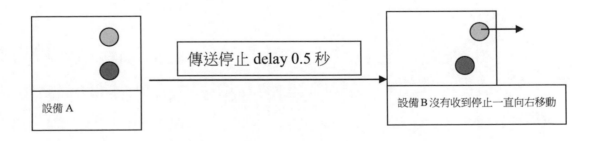

圖 14、傳送延遲

另一個問題是玩家也不可能只進行單向移動，只要進行四處行動就會發生延

7

遲，並且移動越頻繁就會越嚴重，甚至最後還會影響到畫面的刷新。

為此，我歸結出以下幾點同步座標時所發生的問題並將其進行改良：

1. 手機每次傳送數據大約需要半秒左右的時間才能完成，因此兩訊息的間隔必須以實際傳送數據來回所需耗費的時間作為其間隔。

2. 傳送延遲的期間必須透過收集的方式記錄待傳送的座標訊息，當下次傳送時一次將收集的座標送出。

3. 傳送座標的數量必須進行控制，不能無上限的增加，這是避免因為連線品質不佳而造成大量座標訊息必須傳送。

4. 座標傳送只傳送必要的座標(比如轉折處)，以盡可能減少傳送數據量。

5. 遠端角色以不斷逼近的方式進行位置更新，如果距離相差太遠則強制修正座標。

提昇傳送之效率首先，必須保證兩座標事件傳送的時間超過最短間隔(minTime)，並且在發生移動的第一時間就會傳送座標，以下是使用相對於最後一次傳送座標的時間進行判斷，這樣可以保證凡是超過最短時間就會傳送，程式碼如下：

long lastTime = 0; //最後傳送的時間

long time = System.*currentTimeMillis*();//取得當前系統時間

//當前時間減去最後傳送的時間必須大於封包傳送的最短時間才會傳送

if(time - lastTime > minTime){

    connect.send(e);

    lastTime = time;//設定最後傳送時間

}

為了提昇傳送之效率，設置一環狀佇列(Circular Queue)用以儲存所傳送之資料，環狀佇列是使用一個定長數組進行數據的儲存，它是先進先出的資料結構，新增資料會使用循環整個佇列的方式，如果沒有即時取出資料時就會發生溢出。發生溢出可以直接取代或者等待一個元素取出時再新增。移動時會先將其行動之相關資料加入環狀佇列中以等待下一次允許傳送時一次送出，程式之設計如下：

group.push(new Point(getX(),   getY())); //加入環狀佇列。

8

CircularQueue　環狀佇列的實作:

```
protected Object[] o = null; //儲存數據的數組

protected int max = 0;//數組可儲存的最大容量

protected int head = 0,tail = 0,count = 0;//頭,尾,當前儲存的數量

public CircularQueue(int max_count){

    o = new Object[max = max_count];

}

/** 判斷是否為空 **/

public boolean isEmpty(){

    return count <= 0;

}

/** 查看頭元素的值**/

public Object element(){

    return o[head];

}

/**新增資料，當成功新增資料時tail會自動加1，如果tail位移等於最大數量時自動將tail設成0**/

public boolean add(Object e){

    if(count >= max)return false; //超過最大容量不添加

    if(e == null)throw new NullPointerException("e not null");          o[tail] = e;

    tail = ++tail%max;

     count++;

     return true;

}

/***取出資料 如果佇列中有數據則取出最先加入的數據，並同時將head位移加一**/
```

```
public Object remove(){

    if(isEmpty()) { return null; }

    Object e = o[idx];

    o[idx] = null;//避免記憶體洩漏

    count--;

    head = ++head%max;

    return e;;

}
```

/**另一種新增的方法，這種方法在新增發生溢出時自動取代最先加入的資料 **/

```
public void push(Object e){

    if(e == null)throw new NullPointerException("e not null");

    if(o[tail] != null) head = ++head%max;//溢出

    o[tail] = e;

    tail = ++tail% max;

      count = Math.min(++count, max);

}
```

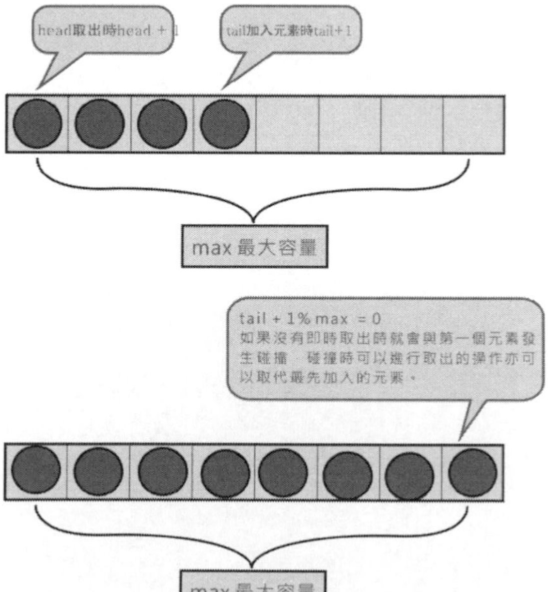

圖 15、環狀佇列運作方式

環狀佇列除了用來記錄座標的傳送，也同時可以用來控管事件傳送的數量。

如圖 15 當前記錄移動訊息以六個作為測試，並且使用 push 方式新增，此方式會在發生溢出碰撞時強制覆蓋最先加入的移動訊息，以控制最多只有六個移動事件。傳送座標時還會進行座標數量的壓縮，僅發送轉彎的座標。使其能夠跟隨指定的路徑移動。

圖 16 是因為網路延遲的關係造成一共有 8 個座標必須同時傳送，如果想要引導角色往正確的路徑移動的話，需傳送的點為 1,3,4,5,6,8 六個。如果以圖 17 向右行走之路徑，則過濾後僅需傳送兩個(1, 6)。

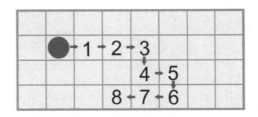

圖 16、網路延遲導致之座標重送

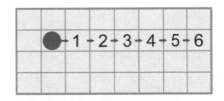

圖 17、不同行走路徑

新增的座標都會在於下一座標和篩選後的座標的 X 和 Y 偏移同時大於零的時候。完成移動事件後必須同時傳送給所有手機，一旦手機收到移動事件就會更新遠端角色的位置，這裡更新採用不斷逼近的方式處理，但是如果與目標距離相差太遠還是會強制修正角色的位置。修正原先出現的問題後，於實際手機上測試，發現就算移動頻繁也不會產生延遲的問題。玩家除了可以在大地圖移動外，當角色移動一定的步數時就會觸發對戰事件，一旦觸發對戰就會轉換場景至對戰畫面進行對戰，對戰採最多 3 對 3 的模式。

11

圖 18、角色重疊之處理方式

　　對戰系統必須考慮到如圖 18 之角色間重疊的問題，如圖 19 處於下面一層的角色會覆蓋到上面一層的角色，因此必須從最上層開始往下繪製，一般沒有任何動作時都會以圖 19 之順序繪製。

　　進行攻擊時，如圖 20 編號 3 的角色會覆蓋編號 0 的角色。一般會改變繪製層級的只有產生移動的角色，其餘角色不會變化，以下為繪製之程序：

```
boolean p;//  繪製標記
for(int i=0; i<6; ++i){//總共六個角色
    if(!p    && group[i].getY() > group[target].getY()){
        p = true;//標記已繪製
        paint(target);
    }
    if(i != target){
        print(i);
    }
```

12

```
    }
if(!p) {
    print(target);
}
```

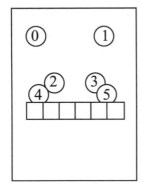

圖 19、角色重疊之處理(一)

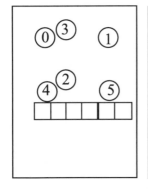

圖 20、角色重疊之處理(二)

　　如果當前索引位置的角色 Y 座標比移動角色的 Y 座標大，表示應該繪製移動角色，並同時標記已繪製。玩家如果位於左方則行動順序就以 0->2->4 推進，右方則以 1->3->5 推進，完成操作後就會同時將對戰的動作事件送出。

　　傳送數據的方式主要分為兩種，一種是以藍芽的方式連接，另一種以套接字的方式連接，原先嘗試使用 OpenAMF[10] 作為無線網路的連接方式，但因 OpenAMF 是使用 HTTP 請求-響應的方式連接，只要每次操作都必須重新連接，這種連接方式也無法主動從伺服器傳送數據給客戶端，這也使得如果客戶端非按正常方式離開遊戲伺服端也無法得到通知，雖然可以設計如果超時未連接則

13

銷毀數據，但這往往不是即時刪除，為此，決定不使用 OpenAMF 連接而改用 Socket 的方式連接，連接之程式設計如下：

藍芽伺服端設計

連接位址

String *CONNECT_URL* = "btspp://localhost:" + **new**

UUID("23f2a7c08b1a11dfa4ee0800200c9a66", **false**)+

";authenticate=false;encrypt=false;master=false;name= MAL_Server";

//通訊協議:

//位址:唯一識別號;授權=false;主從=false;服務名稱="name"

//btspp:

//loaclhost: UUID; authenticate=false;master=false;name="name"

LocalDevice local;

local = LocalDevice.*getLocalDevice*();//取得本地藍芽設備

if(!local.setDiscoverable(DiscoveryAgent.*GIAC*)){//GIAC永遠可被搜尋

local.setDiscoverable(DiscoveryAgent.*LIAC*);//LIAC有限搜尋(一般1分鐘)

}

StreamConnectionNotifier notifier

=(StreamConnectionNotifier)(Connector.*open*(*CONNECT_URL*));//開啟服務

ClientProcessGroup=**new** ClientProcess[*8*];//客戶處理陣列(最多 8 人，陣列 0 不存資料)

join:**while**(true){

　　if(isJoinMax()){//一旦連接達到最大值則進入等待狀態

　　　　synchronized(lock){

　　　　　　lock.**wait**();

　　　　}

　　　　continue join;

14

```
        }
        int ID = joinPort();//取得新接點
        ClientProcessGroup[ID] =
        new ClientProcess(notifier.acceptAndOpen(),ID);
        //收到新用戶就為其建立一個客戶執行緒處理資料，這裡的acceptAndOpen
        在沒有收到用
        //戶時會鎖住執行緒
}
```

客戶執行緒處理

```
StreamConnection conn = null;//客戶端串流連接
DataInputStream dis = null;// 數據輸入流
DataOutputStream dos = null;// 數據輸出流
byte ID = -1;

public ClientProcess(StreamConnection conn, byte ID){
    this.conn = conn;
    this.ID = ID;
    dis = conn.openDataInputStream();
    dos = new BufferedOutputStream(conn.openDataOutputStream());
    while(true){//開始監聽服務端訊息
        receive(dis.readByte(), dis);//read會鎖住線程直至收到數據
    }
}
```

　　這裡將資料輸出流多包裝一個緩衝輸出流，這是因為藍芽在進行寫入數據的同時就會直接將資料送出，為了避免多次調用底層的傳輸，因此將其包裝在一個緩衝流中，當完成一次所有資料寫入後再呼叫flush清洗緩衝區一次送出。

15

藍芽客戶端設計

```java
LocalDevice local = null;

DiscoveryAgent agent = null;

Vector/*<RemoteDevice>*/remoteGroup = new

Vector/*<RemoteDevice>*/(16);

Vector/*<ServiceRecord>*/recordGroup=new

Vector/*<ServiceRecord>*/(16);

local =    LocalDevice.getLocalDevice();

agent = local.getDiscoveryAgent();//取得代理進行服務搜尋

//客戶端要設定不可以被其他設備發現

local.setDiscoverable(DiscoveryAgent.NOT_DISCOVERABLE);

agent = local.getDiscoveryAgent();//開啟代理

//記錄取得設備

addRemoteDevice(agent.retrieveDevices(DiscoveryAgent.PREKNOWN));

//快取取得設備

addRemoteDevice(agent.retrieveDevices(DiscoveryAgent.CACHED));

//開始搜尋  ，第一個參數為一般查找，

//第二參數必須實現DiscoveryListener監聽搜尋結果

agent.startInquiry(DiscoveryAgent.GIAC, this);


this.wait();//等待發現設備完成

int len = remoteGroup.size();

for(int i=0; i<len; ++i){

  try {

        agent.searchServices(null, new UUID[]{UUID},

        //將搜尋到的設備進行服務的搜尋
```

16

```
            (RemoteDevice)remoteGroup.elementAt(i), this);
            this.wait();//等待服務尋找完成
        }catch (Exception e){ }
len = recordGroup.size();
for(int i=0; i<len;++i){
        try{//打開連接
        StreamConnection streamConn = (StreamConnection)
        (Connector.open(((ServiceRecord)recordGroup.elementAt(i)).
        getConnectionURL(ServiceRecord.NOAUTHENTICATE_NOENCRYP
        T,false)));
        out = new
        BufferedOutputStream(streamConn.openDataOutputStream());
        in = streamConn.openDataInputStream();
        }catch(Exception ex){}
}
while(true){
        receive(in.readByte(), in);//鎖住，收到事件則處理。
}
//實現DiscoveryListener的方法
//搜尋到設備
public void deviceDiscovered(RemoteDevice btDevice, DeviceClass cod) {
        if(remoteGroup.contains(btDevice)){ //不重覆新增
            remoteGroup.addElement(btDevice);
        }
}
//搜尋設備完成
public synchronized void inquiryCompleted(int discType){
```

17

```java
        this.notify();
}
//搜尋到服務
public synchronized void servicesDiscovered(int transID, ServiceRecord[]
servRecord) {
    if(!recordGroup.contains(servRecord[0])){
            recordGroup.addElement(servRecord[0]);
    }
    this.notify();
}
//搜尋服務完成
public synchronized void serviceSearchCompleted(int transID, int
respCode) {
        this.notify();
}
```

無線網路伺服端設計:

```java
try{
    server = new ServerSocket(port);
}catch(Exception ex){ return ; }
RUN = true;
while(RUN){
    Socket socket = null;
    InputStream is = null;
    OutputStream os = null;
    DataInputStream dis = null;
    DataOutputStream dos = null;
    try{
```

18

```
        socket = server.accept();

        is = socket.getInputStream();

        os = socket.getOutputStream();

        dis = new DataInputStream(is);

        dos = new DataOutputStream(new BufferedOutputStream(os));

        new ClientProcess(UUID, socket, is, os, dis, dos);

    }catch(Exception ex){}

}
```

無線網路客戶端設計:

SocketConnection socketConn =

//建立連接 *socket://IP位址：通訊埠*

 (SocketConnection)(Connector.*open*(*"socket://localhost:1234"*));

out = new BufferedOutputStream(socketConn.openDataOutputStream());

in = socketConn.openDataInputStream();

while(true){

    receive(in.readByte(), in);//接收

}

圖 21 當任一客戶端送出事件時，伺服器必須判斷事件發送對象，如果要求發送所有角色時必須將此事件轉發給其他客戶端。

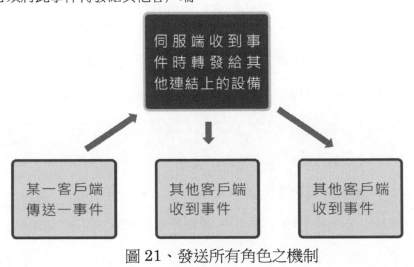

圖 21、發送所有角色之機制

19

四、結果與分工

本專題使用兩支手機及一部電腦做為測試，圖 22 為兩支手機對戰之畫面，圖左之手機為 Sony Ericsson W800i 之機型，其規格如下：

➢ 螢幕：1.8 吋

➢ 螢幕解析度：176 x 220 pixels

➢ 記憶體：34MB RAM/ 64MB ROM

圖右之手機為 Nokia 6120C 之機型，其規格如下：

➢ 作業系統：Symbian 作業系統

➢ 處理器：ARM 11 處理器

➢ 螢幕：2 吋 TFT

➢ 螢幕解析度：240 x 320 pixels

➢ 記憶體：64 RAM / 128 ROM

圖 22 是使用藍芽進行手機對手機連接，實際於手機上測試的畫面，圖左為手機一之畫面，圖右為手機二之畫面，手機一及手機二連線對戰，圖 23 使用無線網路進行手機對電腦連接之情形。完整影片，請觀看 http://mail.nttc.fin.tw/~97418028/index.html。

本專題所使用之測試電腦的配備為 Intel Celeron 5.4 Mhz CPU，2GB 記憶體及 Microsoft Windows 7 作業系統。

為了解本專題在實用上可用度(usability)狀況，本專題請 30 位受試者使用本專題之遊戲，並設計問卷請該 30 位受試者回答，問卷使用 SUS(System Usability Scale)量表[11]，30 位受試者成績分別為 70, 60, 80, 65, 78, 76, 74, 78, 75, 81, 68, 71, 75, 76, 73, 75, 72, 78, 77, 76, 78, 79, 75, 74, 78, 77, 76, 75, 77, 78 平均為 74.83, 尚稱可用。

本專題共有 3 位成員，本人負責遊戲之程式設計，另二位同學一位負責美工，另一位專注在遊戲之劇情及玩法之構思，雖偶有意見不一致，致各自劇理力爭而爭吵之狀況，但大家也都是基於要讓專題更完美而付出，事後大家相處都還

20

算融洽。

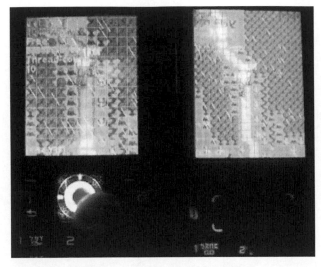

圖 22、手機對手機連接實測

圖 23、無線網路進行手機對電腦連接

五、結論

　　用手機進行連機對玩可以不受環境限制，想玩時隨時就可以打開手機進行，連線遊戲除了可以讓自己打發時間外，同時也能和朋友一起連線對玩，但因手機網路和性能無法比擬電腦，因此，設計上必須達到可玩性才能讓遊戲更有樂趣，本專題設計的遊戲可以不必要求到精確同步，只要畫面流暢並且移動路徑正確既可，但未來如果要設計諸如賽車這類要求即時同步的遊戲就不能再使用逼近的方式處理，這也是此遊戲使用傳送事件的方式將實際傳送邏輯層和同步處理分開設

21

計的原因，以減少不同模組的耦合性來達到連接控制器的可移植性。

參考文獻

[1] 財團法人資訊工業策進會，2007台灣數位內容產業年鑑，經濟部工業局，2008年出版。

[2] 林昆聲，行動客戶端內容服務引擎之二維呈像模組設計與研究-以支援Java ME個人行動裝置為例，國立臺北教育大學數位科技設計學系碩士論文，2009 年7月。

[3] 中華電信，EMOME，網址：http://www.emome.net，瀏覽日期：2010/12/01。

[4] 高偉傑，跨平台手機遊戲開發框架在Symbian手機之研究，國立交通大學多媒體工程研究所碩士論文，2008年7月。

[5] 許珉嘉，跨平台手機遊戲開發框架在Windows CE手機之研究，國立交通大學資訊學程碩士論文，2008年6月。

[6] Bruce Hopkins, File transfer with JSR-82 and OBEX, Available: http://www.ibm.com/developerworks/wireless/library/wi-boogie1, Accessed:2010/11/30.

[7] 龔劍，J2ME手機遊戲開發詳解，文魁資訊，2008年7月出版。

[8] C Bala Kumar, Paul Kline and Timothy Thompson, Bluetooth Application Programming with The Java APIs, Morgan Kaufmann Publishers, September 2003.

[9] Fishlabs, Mobile Games, Available：http://www.fishlabs.net, Accessed：2010/12/01.

[10] OpenAMF, OpenAMF, Available:http://www.openamf.com, Accessed: 2010/11/30.

[11] Brooke John, "SUS: a "quick and dirty" usability scale," In P W Jordan, B Thomas, B A Weerdmeester and A L McClelland (eds.), Usability Evaluation in Industry, Taylor and Francis, London.

23

關於本書

　　從 108 學年度起，四技二專聯合甄選委員會規定四技二專甄選入學招生第二階段備審資料，必採「專題製作學習成果」或「專業實習(含實驗、實務)科目實習報告(成果)」，亦可兩者皆為備審資料之採計項目，因此，參加四技二專甄選入學招生第二階段之考生，要在第二階段脫穎而出，「專題製作學習成果」或「專業實習(含實驗、實務)科目實習報告(成果)」扮演重要的角色，本書最主要目的為藉由範例之引導幫助四技二專甄選入學考生將所製作之專題製作或專業實習科目實習成果完整有系統地呈現，進而取得理想之分數。

　　甄選委員會規定必採「專題製作學習成果」或「專業實習(含實驗、實務)科目實習報告(成果)」，但並未規定「專題製作學習成果」及「專業實習(含實驗、實務)科目實習報告(成果)」內容為何，然而報告之寫法有很多，不是只有一種，大家一定都想問：「如何撰寫？要有什麼內容？」，目前這方面的資訊並不多，但我們秉持「成果充分展現」的最高原則，將自我努力之成果，完整、系統化地展現供評審教授評審。

　　一般論文或報告撰寫之架構通常可包含：「摘要」、「導論」、「相關研究工作或文獻探討」、「研究方法」、「操作、實作、設計或研究過程」、「成果與討論」、「結論」及「參考資料」，其中摘要為一篇文章或報告的縮影，主要利用簡短之篇幅，將文章或報告簡要地呈現出來，讓閱讀者可以很快地了解該一文章或報告之主要內容，除了做為是否繼續閱讀之參考外，亦是快速瞭解整篇報告的捷徑，有助於後續之閱讀。

　　導論亦可為前言、簡介或緒論，主要說明該一研究、實驗、實習或實作之背景與緣起及研究、實驗、實習或實作之動機與目的，及相關優劣點及創新性之概述，讓閱讀者能快速熟悉報告之相關背景。在某些狀況下，較為簡要之導論亦具摘要之功能，亦即，摘要與導論可擇一列出。

　　而相關研究工作部份闡述與該報告截至目前為止相關研究或實作的工作及其與報告主題之相關性，亦可為實作或實習類報告的相關理論基礎的說明，而文獻探討為論述報告主題及與其相關之理論或研究及其間之關係，相關研究工作與文獻探討可擇一列述，亦可視報告之性質以決定是否要增設該一章節，對較偏向操作、實作或實習未涉及太多相關理論基礎之報告，則可略去本章節。

　　研究方法為說明為達成研究、實驗、實習、實作或專題製作之目的，所須使用如機器設備、軟體、原理或定理等之工具，與進行所需之處理步驟，若所須進行之處理步驟相對單純簡單，則可併入操作、實作、設計或研究過程章節說明。

　　操作、實作、設計或研究過程為一報告之主要重點，敘述進行一系列之操作、處理或設計之過程以達成研究、實驗、實習、實作或專題製作之目的，其實際章節名稱可按不同之研究、實驗、實習、實作或專題製作而不同，如一名為「影像合成之實習」的關於影像合成實習操作之學習成果報告，其操作、實作、設計或研究過程之章節可命名為「影像合成」章節。

　　成果與討論主要論述經過前一章節「操作、實作、設計或研究過程」之操作、實作與處理後所獲致之成果與對該成果之評價、評論或相關之探討與對該領域所得到之知識、領悟或建議。

　　結論章節主要對所進行之研究、實驗、實習、實作或專題製作做一總結，其內容可以是對所進行之研究、實驗、實習、實作或專題製作之動機、目的與成果簡要敘述，並聯結他們的關係，如說明由動機開始進而為達研究目的動手製作獲致之成果或學習成果，若該成果具創新性或對產業界、社會或國家有所貢獻，則應再加以強調說明，結論在另一方面亦可述及未來之工作方向或建議，亦即以目前之研究、實驗、實習、實作或專題製作為基礎，未來可再進行之研究、實驗、實習、實作或專題製作的內容，以更加完備該報告之成果。

　　最後參考資料章節為羅列報告中所引用相關之參考書籍、論文、報告或網頁等之資料，一篇報告之參考資料一方面可以揭露所引用資料之來源，使有興趣之閱讀者可以再對相關領域加深及加廣瞭解外並可根據所引用具權威性文獻，以彰顯報告內文之正確性與權威性，另一方面亦可表達出標示原著來源進而尊重智慧財產權之精神。參考資料之寫法有很多種如在社會科學領域為人所熟知之 APA 格式，某些特定之期刊論文，更會有自己規定之寫法及格式，但就一般之報告而言，要達到揭露所引用資料之來源並彰顯尊重智慧財產權，只要達到清楚標示原著來源即可，格式可選較為熟悉或其他可達到清楚標示之目的即可，為清楚標示參考資料，下列列出四種著作型式之寫法：

1. 作者, 篇名, 期刊名稱, 卷號, 期號, 出版時期, 起訖頁數.
2. 作者, 篇名, 研討會名稱, 研討會地點, 研討會日期, 起訖頁數.
3. 作者, 書名, 出版者, 出版地, 出版時期.
4. 作者或頁面所有者, 網頁抬頭, 網址, 瀏覽日期.

其中第 1 項為期刊論文之參考資料寫法，第 2 項為研討會論文之參考資料寫法，第 3 項為書籍之參考資料寫法，第 4 項為網頁之參考資料寫法。

　　前述之寫法，相對論文來說也許並不夠嚴謹，但對高中職學生撰寫「專題製作學習成果」或「專業實習(含實驗、實務)科目實習報告(成果)」來說，有些人可能會覺得很煩瑣，甚至會說：「那報告不就貼幾張螢幕抓圖(Screen Capture)或照片，再寫個二、三行字說明那是我製作的○○○作品或○○科目實習報告不就好了嗎？」，因甄選委員會並未規定「專題製作學習成果」或「專業實習(含實驗、實務)科目實習報告(成果)」要怎麼寫，及包含了那些內容，只「貼幾張螢幕抓圖

(Screen Capture)或照片」的做法，當然是也可以繳交送出，但相對於其他考生以較整體性及系統化的寫法，該一做法當然就相形遜色。本書之範例除了秉持前述「成果充分展現」的原則，並參照大學教授撰寫論文、發表著作之格式，貼近大學教授所熟悉之論文、報告之寫法，有系統地整理並敘述所獲致之成果成為具整體性及系統化之報告，以提昇報告之品質。

前述之論文或報告撰寫架構之章節，按其重要性排列：
「成果與討論」＞「操作、實作、設計或研究過程」＞「導論」＝「結論」＝「參考資料」＞「摘要」＞「研究方法」＞「相關研究工作或文獻探討」。

撰寫成果報告時，可根據所選定之題目、內容及成果之多寡，按重要性來決定報告之架構及章節，可有下列幾種做法：

1. 「成果與討論」
2. 「操作、實作、設計或研究過程」及「成果與討論」
3. 「導論」、「操作、實作、設計或研究過程」及「結論」
4. 「導論」、「操作、實作、設計或研究過程」、「成果與討論」、「結論」及「參考資料」
5. 「摘要」、「導論」、「操作、實作、設計或研究過程」、「成果與討論」、「結論」及「參考資料」
6. 「摘要」、「導論」、「研究方法」、「操作、實作、設計或研究過程」、「成果與討論」、「結論」及「參考資料」
7. 「摘要」、「導論」、「相關研究工作或文獻探討」、「研究方法」、「操作、實作、設計或研究過程」、「成果與討論」、「結論」及「參考資料」

第3、第4及第5三種架構為較完整及系統化，但也不會過於煩瑣的架構，建議考生可以首先考慮這幾種架構。若內容超過4頁則請加上摘要章節，可幫助評審教授加快瞭解報告之重點。另外，前述之成果也可以是學習成果。

關於報告之撰寫，本書列出一些注意事項，供大家撰寫報告時參考：

➡ 撰寫報告之遣詞用字切勿太口語化。

➡ 提供報告閱讀及評審者（即評審教授）方便舒適之評閱材料及環境，切勿因為報告撰寫的關係，而搞壞閱讀及評審者的心情：

  ➤ 報告內容之字體勿太小（字體大小可在 12~14 點間），行距及字距亦應保持一定之距離，讓已有老花眼之評審教授可以不用額外操作電腦來放大字體即可輕鬆看清楚報告之內容。

  ➤ 在報告每頁面適當位置如頁尾，加入自己之准考證號碼及姓名，以方便評審教授登錄成績時可不用往前翻頁多次到封面才得以找尋到考生之准考證號碼及姓名。

➤ 報告內容若具一定之篇幅，請務必加入摘要，以避免評審教授花了很多時間，卻找不到重點之所在。

➡ 報告中有圖，請將各圖按出現之先後次序編號，如圖 1、圖 2 等等，圖的標題置於圖的下方，每個圖亦必須在文中說明圖的意義或相關之內容，切勿只有圖沒有說明，此舉會讓閱讀者不知該圖作用何在，是何意義，給閱讀者一種感覺好像就是：「圖在這裏，你自己看吧！」，另外若有表，與圖大致相同須每個表都加以編號，如表 1、表 2 等等，且亦須對各個表加以說明，但與圖不同的是表之標題或抬頭，應置於表之上方。

➡ 參考資料與在內文中有標註引用才可列出在參考資料章節中：內文中有標註引用參考資料[1], [2]與[3]，該[1], [2]與[3]之參考資料才可出現在參考資料章節中，如：

「…本練習嘗試以不同之做法，整合 QuickBLE[1]、Makey Makey[2]、Scratch[3]及超音波距離感測器…」，則參考資料章節必須列出：

[1] 程創科技，QuickBLE，網址：https://viermtech.com.tw/QuickBLE，瀏覽日期：2019 年 5 月 22 日。

[2] Makey Makey LLC，Makey Makey，網址：https://makeymakey.com/pages，瀏覽日期：2020 年 9 月 11 日。

[3] MIT Media Lab，Scratch，網址：https://scratch.mit.edu，瀏覽日期：2020 年 9 月 11 日。

但要特別注意，未引用之參考資料不可列在參考資料章節，如前例內文中只標註[1], [2]與[3]之參考資料，那參考資料章節如上列只能列出該 3 篇參考資料，也就是不可在參考資料章節列出非上列三篇參考資料外之其他參考資料，以避免參考資料未被引用即出現在參考資料章節。

➡ 若以中文撰寫報告，請儘量避免在單一句子中中英文夾雜，如"我的 car 很 nice"，為一中英文夾雜的句子，寫為"我的車很棒" 應較好，句子中除非是專有名詞或中文無法精確表達的字詞須以原文表達外，請以使用中文字詞為主。

➡ 報告一定要編頁碼，一方面可方便閱讀，另一方面，若有參加口試時，也方便口試教授提問時使用。

➡ 善用流程圖，可為報告提昇品質，即使未深究報告之內容，只憑「驚鴻一瞥」，有流程圖的報告讓人感覺較為 " 有料 "，報告中很多地方都可使用，如大家所熟知之程式流程圖，研究方法中的研究流程等舉凡需要程序性之動作，都可使用。繪製流程圖建議可使用 Microsoft Visio 軟體繪製，最後再複製至

Word 本文中，可使流程圖之繪製簡單、專業、方便又快速。

➡ 作品之成果可以儲存在手機或平板電腦，口試時若有機會可直接展示給口試教授觀看，可加強成效之展現。

四技二專甄選入學專題製作學習成果專業實習科目實習報告撰寫範例

作者：名金榜

出版者：陳洪厘

出版地址：彰化市彰南路 2 段 512 巷 51 弄 108 號

電話：04-7373692

版次：初版

出版年月：民國 109 年 12 月

建議售價：新臺幣 330 元

版權所有・翻印必究

國家圖書館出版品預行編目(CIP)資料

四技二專甄選入學專題製作學習成果專業實習科目實習報告撰寫範例/名金榜作. --
初版. -- 彰化市 ：陳洪厘, 民 109.12

　　面 ；　公分

ISBN 978-957-43-8363-4(平裝)

1.大學入學　2.入學甄試

525.611　　　　　　　　　　　　　　　109019489

代理經銷／白象文化事業有限公司

401 台中市東區和平街 228 巷 44 號

電話：(04)2220-8589　傳真：(04)2220-8505